KB253466

너는 시방 위험한 로봇이다

로봇과 서사

차례
Contents

들어가며

    지난 수십 년 동안, 로봇에 대한 서사물들은 꾸준히 기획되고 창작되었다. 그것은 기본적으로 SF라는 소설의 형태를 띠기도 하고 영화로 제작되어 대중들의 큰 사랑을 받기도 하였다. 최근에는 디지털 퍼포먼스(digital performance)와 같이 현대적 미디어와 결합한 새로운 장르에 로봇이 등장하는 등, 기술 진영에서뿐만 아니라 콘텐츠 창작 분야에서도 로봇에 대한 관심은 계속 고조되고 있는 추세다. 인간의 삶의 질을 높여 줄 미래의 기술들 중, 현재 가장 각광을 받고 있는 것도 바로 로봇 기술이다. 이처럼 로봇의 진화는 아직도 현재 진행형이고 무한한 가능성의 영역으로 남아 있다. 이런 로봇에 대한 관심이 인간의 상상력과 결합해서 다채로운 결과물들을 만들어 냈던 것이다. 이 책은 기존에 만들어졌던 로봇 서사물들을 분석하고 그 속에 등장하는 로봇의 양상과 그것이 서사 속에서 어떻게 기능하는지 파악함으로써, 로봇 서사에 대한 이해를 높이기 위해 기획되었다. 서사물이라고 통칭하긴 했지만, 분석 대상은 대중이 비교적 접하기 쉬운 영상물로 한정하였다. 텍스트로 삼은 영상물들은 대부분 SF 영화나 만화를 모태로 두고 있는데, 이는 대부분의 SF 영화가 스펙터클한 볼거리뿐만 아니라 스토리텔링 역시 중요하게 생각하고 있다는 사실을 보여준다. 이 책은 총 6장으로 구성되어 있고, 각각의 장에서는 로봇과 욕망, 로봇과 철학, 로봇과 인간 등 로봇 이슈와 관련된 굵직굵직한 주제들이 다뤄지고 있다. 이 책으로 인해 일반 독자들이 로봇 서사에 대한 관심이 더욱 증폭되고, 나아가 로봇 서사물을 기획하는 이들의 추후 창작에 작게나마 보탬이 되었으면 한다.

로봇과 영상 – 할리우드가 로봇을 사랑하는 이유

SF 장르에서 중요한 요소들

"어떤 것도 확신하지 말라. 그것은 곧 나약함의 증거다."
- 영국 SF 드라마 <닥터 후(Doctor Who)>에서

SF(Science Fiction)는 200년에 가까운 역사를 지니고 있지만, 아직까지도 그 경계가 모호한 영역이라고 할 수 있다. 이는 SF가 다루는 소재가 지금도 늘어나고 있고 그에 따라 SF의 반경 역시 점차 확장되고 있기 때문이다. 영국의 여성 작가 메리 셸리(Mary Shelley)의 『프랑켄슈타인, 또는 현대의 프로메테우스(Frankenstein or Modern Prometheus)』(1818)가 출간된 이후에 SF 창

작 열기는 지금까지 단 한 번도 사그라진 적이 없었다. 초창기에 그것은 SF라는 말 그대로 소설의 형태에 국한되는 경우가 많았지만, 미디어의 변화를 거치며 현재는 과거와는 사뭇 다른 양상을 보이고 있다. SF가 단순히 종이책을 가리키는 것을 뛰어넘은 것은 이미 오래전이고, 현재는 'SF 장르'라는 말이 자연스럽게 통용되고 있을 정도다.

영화의 등장 이후, SF 장르는 대중들과 본격적으로 소통하기 시작하였고 최근에는 현대적 미디어와 결합하여 그 영역을 점차 넓히고 있다. 소재에 있어서도 이는 마찬가지다. 과거 외계인과의 만남, 우주여행, 인간 복제, 초능력, UFO 등에 천착했던 SF 장르는 20세기 후반 들어 본격적으로 새로운 소재를 탐색하기 시작하였다. 로봇, 신종 질병, 시간 여행 등이 바로 그것이다. SF가 하나의 하위 장르로 굳건히 자리매김하고 두터운 마니아층을 보유할 수 있었던 이유 또한 바로 여기에 있다. 지금 이 순간에도 SF 장르는 끊임없이 새로운 소재를 발굴하고 거기에 과학적 상상력을 덧입혀 진화에 진화를 거듭하고 있다. 장르 문학이 외국에 비해 취약한 국내의 경우에도 최근 들어 다수의 SF물들이 기획·창작되고 있는 추세다.

'과학'이라면 지레 겁을 먹던 대중들도 각종 애니메이션과 영화 혹은 광고 등을 통해 SF를 친숙한 것으로 받아들이고 있다. 이를 가리켜 일상에 침투한 'SF적 감수성'이라 일컬어도 좋을 것이다. 이처럼 SF는 괴짜들이나 좋아할 만한 장르에서 이제는 대중들이 가장 사랑하는 장르로 자리 잡게 되었다.

SF 장르가 성공할 수 있었던 가장 큰 이유는 어려운 과학적 지식을 텍스트에 노골적으로 드러내기보다는 그것을 서사 속에 잘 녹여냈기 때문이다. 과학자들이 낯선 용어를 줄기차게 사용하며 고루한 이야기나 하고 있었다면 독자와 관객들은 하품을 하며 SF 장르를 외면했을 것이다. 과학기술이 SF의 토대가 되어야 함은 틀림없지만, 그것이 서사의 흐름을 해친다면 결과적으로 작품의 완성도와 수용자의 흥미를 떨어뜨리게 될 테니 말이다. SF 장르에서 정작 중요한 것은 과학적으로 이 상황이 과연 가능하냐는 물음이 아니다. 오히려 SF 장르는 장르 고유의 특성을 십분 활용하여 더욱 기상천외한 소재를 다루고 흥미진진한 서사로 그것을 표현할 때 더욱 커다란 감동과 재미를 가져다줄 수 있다.

따라서 SF 장르에서는 그 어떤 것도 '안 된다'고 확신하면 안 된다. 그것은 창작을 함에 있어 상상력을 제약하는 가장 큰 벽이나 마찬가지다. SF 장르에서는 과학적 개연성(probability)과 가능성(possibility)을 기반으로 '그럴싸한' 이야기를 들려주는 게 가장 중요하다. 미래적 상황에 대한 설득력 있는 묘사를 통해, 수용자가 상상력이 빚어낸 소용돌이에 자연스럽게 휩싸일 수 있게끔 하면 되는 것이다. 그렇다고 SF 장르가 단순히 오락적 요소만 품고 있어야 한다는 말은 아니다. 좋은 SF물은 충분히 재미있으면서도, 우리가 그 상황에 처했을 경우 어떻게 대처해야 할지 깊게 생각해 볼 수 있는 기회를 제공한다.

영화는 로봇을 사랑해

“로봇이 교향곡을 작곡할 수 있을까? 로봇이 캔버스 위
에 아름다운 그림을 그릴 수 있을까?”
– 영화 <아이, 로봇(I, Robot)>에서 스프너 형사의 말

할리우드는 SF 장르에 대한 가능성을 비교적 일찍이 수용
하는 혜안을 발휘하였다. 그 일환으로 할리우드는 20세기 후
반에 들어서면서부터 다양한 SF 영화를 기획하고 제작하였다.
특수 효과(SFX) 기술의 급속한 발전은 더욱 ‘그럴듯한’ SF 영
화를 창작하는 가장 큰 원동력이었다. SF 영화를 통해 사람들
은 외계인에 대한 고정관념에서 벗어나기도 하고 초능력에 관
심을 갖거나 다가올 미래상을 조심스레 점쳐 보기도 하였다.
처음에 영화 <이티(E. T. The Extra-Terrestrial)>가 나왔을 때를
생각해 보라. 사람들은 이 기괴한 생명체를 보고 불쾌감을 느
끼면서도 ‘이티’가 지닌 따뜻한 성품과 사랑스러운 행동에 어
느 순간 공감하게 된다. 영화라는 미디어의 대중적 파급력은
SF 장르가 미지의 영역을 적극적으로 탐사할 수 있게끔 만들
어 주었다. SF 영화는 기존의 콘텐츠가 충족시켜 주지 못한 새
로운 것에 대한 욕구를 상상력을 통해 가능케 하였다. 또한 SF
영화는 SF의 소명을 그대로 이어받아, 우리가 입때껏 금기시
여기거나 거부해 왔던 것들에 대해 찬찬히 생각해 볼 기회를
제공해 주기도 하였다.[1]

SF 영화의 장점은 비단 소재의 무궁무진함에만 국한되지 않는다. SF 영화는 다른 장르와 결합해서 또 다른 재미와 감동을 선사한다. 그것은 <이티>처럼 가족 영화의 성격을 띠기도 하고 로맨스나 공포와 결합하기도 한다. 사이보그가 등장하고 외계인이 지구를 습격하면 얘기는 또 달라진다. 그때의 SF 영화는 지구와 외계, 인간과 외계인, 인간과 사이보그 구도의 액션 영화가 된다. 또한 대부분의 SF 영화가 미래상을 다룬다는 특성을 고려해 볼 때, SF 영화는 사회비판적인 메시지를 담는 정치적 영화가 될 가능성도 있다. 최근 들어서는 <매트릭스(The Matrix)> 시리즈와 같이 '존재'에 대한 철학적인 질문을 던지는 SF 영화도 늘어났다.

소재 차원에서 바라보면, SF 장르의 중심이 '로봇' 쪽으로 기울고 있는 게 사실이다. 1956년은 로봇이 등장하는 영화가 처음으로 출시된 해였다. 프레드 윌콕스(Fred M. Wilcox) 감독이 메가폰을 잡은 <금지된 세계(Forbidden Planet)>는 초라할 정도의 기술 수준에도 불구하고 당시로서는 놀랄 만큼의 완성도를 보여 준 작품이었다. <금지된 세계>는 SF의 심리적 고향인 우주를 배경으로 삼으면서도, 인간이 품고 있는 괴물적인 속성에 대해 집요하게 파고들었다. 이 작품을 모태로 삼아 창작된 <스타워즈(Star Wars)> 시리즈는 로봇이 등장하는 영화로는 가장 큰 성공을 거두기도 했다.

로봇 영화의 발전은 여기서 그치지 않았다. 1968년, 스탠리 큐브릭(Stanley Kubrick)은 <2001 스페이스 오디세이(2001: Space

Odyssey)>를 제작해서 영화판을 충격에 휩싸이게 만들었다. 관객들은 이 작품을 통해 'HAL 9000'으로 대표되는 컴퓨터-로봇이 미래 세상에는 인간을 지배할지도 모른다는 생각을 품게 되었다. 이 작품의 어조는 조지 오웰이 『1984』에서 제시한 음산한 세계관과 절묘하게 맞닿아 있었다. 40여 년이 흐른 지금, 우리는 기계문명이 지닌 치명적 오류들과 인간성이 말살되어 가는 작금의 상황을 반추하며 그들의 지적이 얼마나 탁월했는가에 대해 경탄하곤 한다. 이처럼 로봇 영화는 몇십 년 후의 미래를 예단하는 역할을 하기도 하는 것이다.

1980년대는 확실히 <터미네이터(The Terminator)> 시리즈의 시대였다. 특수 효과의 발전에 힘입어 이 영화는 관객들의 눈과 귀를 모두 사로잡았다. <터미네이터> 시리즈를 통해 관객들은 처음으로 로봇 영화만이 가져다줄 수 있는 스펙터클을 경험할 수 있었다.2) 비슷한 시기, <로보캅(RoboCop)>과 <에일리언(Alien)> 시리즈의 연이은 상업적 성공으로 로봇 영화는 금세 할리우드의 흥행 보증수표로 자리 잡게 되었다. 로봇 영화는 특유의 거대한 스케일을 앞세워 관객들을 말초적인 즐거움에 빠뜨렸고, 몇 년이 지나지 않아 후편을 제작해 또다시 막대한 자본을 끌어 모았다. 일각에서는 우후죽순처럼 쏟아지는 로봇 시리즈물에 대한 비판도 제기되었다. 상업성에만 치우쳐 로봇 영화가 응당 던져야만 하는 문제의식을 외면하고 있다는 게 그 골자였다. 그럼에도 불구하고 <터미네이터>를 비롯한 로봇 시리즈물의 대중적 파워는 천문학적인 제작비를 동원할 만큼 가히 놀라운 것이었다.

2000년대 들어서도 로봇 영화의 붐은 좀체 가실 줄을 몰랐다. <에이 아이(A. I.)>나 <아이, 로봇(I, Robot)> 등은 상업적 성공을 거두면서도 로봇 영화가 제기할 수 있는 물음을 건드리며 평단에서도 평균 이상의 호응을 얻는 데 성공하였다. <트랜스포머(Transformers)>나 <아이언 맨(Iron Man)> 같은 영화도 장르적 한계를 그대로 안고 가면서도 접근하는 방식의 새로움이나 독특한 유머 감각으로 주목받았다. <매트릭스(The Matrix)> 시리즈는 상업적 갈채뿐만 아니라 '이 시대의 가장 중요하고 깊이 있는 영화'라는 찬사를 얻기도 했다. 2008년, 애니메이션으로 제작되어 대중과 평단의 사랑을 한 몸에 받은 <월-E(Wall-E)>는 로봇의 다양한 역할과 로봇 애니메이션에 휴머니즘이 어떻게 침투할 수 있는지를 잘 보여 주는 작품이었다. 이처럼 할리우드에서 로봇을 주인공으로 내세운 영상물들의 제작 열기는 아직까지도 식을 줄 모른다.

오락성과 작품성이라는 두 마리 토끼를 잡는 로봇 영화가 늘어나면서, 로봇 영화는 SF 장르에서 독보적인 위치를 점하게 되었다. 현대의 엔터테인먼트 중심에는 언제나 로봇이 있다고 해도 과언이 아니다. 슈퍼히어로들 역시 적을 무찌르고 세계를 구하기 위해 자신의 몸에 로봇을 이식하거나 로봇의 도움을 빌리지 않으면 안 된다. 로봇은 이제 대형 블록버스터의 필수 아이템이 된 것이다. 게다가 과거에 비해 일상 속에서 로봇을 접할 기회가 많아지면서, 로봇은 상상 속에서나 등장하는 허무맹랑한 무엇이라는 꼬리표를 비로소 뗄 수 있게 되었다. 로봇은 마치 기계로 이루어진 동물처럼 사람들에게 친숙한 존재로 거듭나게 된 것이다. 관객들은 로봇을 사랑하고 로봇 영화에 열광한다. 로봇을 통해 웃고 우는 것을 마다하지 않는다. 대관절 로봇에게는 어떤 대단한 매력이 있단 말인가.

사람들은 왜 로봇에 열광할까

"만약 당신이 로봇이 되어 이 행성에 산다면, 당신은 실제 생활에서는 결코 해 보지 못한 일들을 할 수 있을 것이다. 당신이 하고 싶었지만 하지 못했던 것들: 이를테면 하늘 위를 나는 것, 하늘을 나는 자동차를 소유하는 것, 그리고 살아 숨 쉬는 가구를 갖는 것."
- 미국 작가, 윌리엄 조이스(William Joyce)

로봇은 외계인과 다르다. 물론 로봇 역시 외계인과 마찬가지로 에일리언(alien)의 속성을 가지고 있다. 로봇은 이질적이고(alien) 숨을 쉬지 않는다는 점에서 인간과 조화를 이루지 못하는(alien) 대상이다. 그럼에도 불구하고 사람들은 로봇에 열광한다. 이티를 제외한다면, SF 장르에서 가장 큰 인기를 누리는 캐릭터는 다름 아닌 로봇일 것이다. 이러한 로봇 열풍을 반영한 것일까. 2007년, 영국의 한 신문에서는 영화 속 최고의 로봇을 뽑는 기사를 싣기도 했다.[3]

로봇이 외계인과 가장 크게 다른 점은 그것이 인간의 '조종' 아래에 있다는 것이다. 로봇은 인간이 만든 기계이기 때문에 속내를 알 수 없는 외계인보다 훨씬 더 안전하게 느껴진다. 외계인은 지구에 매장된 자원을 우주로 가져가기 위해 지구를 침공하지만, 로봇은 바로 이 지구라는 현장에서 태어난다. 따라서 태생적으로 로봇은 친(親)인류적이다. 이 편견을 뒤집은 영화들이 지금껏 수없이 제작된 것도 일반 사람들이 로봇에 대해 맨 처음 품는 감정 자체가 우호적인 것이기 때문이다.

로봇의 특성 중 하나는 그것이 인간과 닮은꼴이라는 것이다. 물론 초창기의 로봇은 고철 덩어리에 불과하거나 일반적인 컴퓨터의 모양새를 하고 있었지만, SFX 기술의 발달로 현대 영상물에 등장하는 로봇들은 자연스레 인간의 모습을 지향하게 되었다. 물론, 선과 악의 캐릭터가 외양에 주는 영향도 배제할 수 없을 것이다. 그러나 휴머노이드(humanoid)와 안드로이드(android)의 등장은 로봇이 인간과 친숙한 존재라는 주장에 무게를 실어 주는 결정적인 역할을 했다. <바이센테니얼 맨(Bicentennial Man)>에 등장하는 로봇 앤드류 마틴(Andrew Martin)이 좋은 예가 될 수 있을 것이다. SF 영화에 등장하는 보통의 로봇과는 달리, 이 로봇은 선한 눈을 가진 휴머노이드로 이름마저 사람의 그것과 다를 바 없다. 앤드류 마틴이란 이름에서 우리는 HAL 9000이나 T-800 등이 주는 기계적 위압감이나 거리감에서 비로소 해방될 수 있는 것이다.

한편, <에이 아이>에 등장하는 데이비드나 지골로 조는 안드로이드의 특성을 그대로 반영하고 있다. 이 인조인간들은 인간의 고유한 영역으로 남아 있던 감정의 영역에까지 침투하게 된다. 이들이 인조인간이라는 설정은 감정이입을 방해하는 요인으로 더 이상 기능하지 못한다. 관객들은 로봇을 인간 세계에 끌어들이는 데 주저함이 없고, 로봇이 인간의 형상과 닮으면 닮을수록 더욱 거리낌 없이 그것을 받아들이는 것이다.

인간의 부족한 점을 채워 줘야 한다는 로봇의 기본 속성은 인간과 로봇의 심리적 거리를 더욱 가깝게 만들어 주었다. 로봇은 원래 인간의 편의를 위해 발명된 것이기 때문이다. 따라서 로봇이 자신들의 소명을 온전히 지켜 낼 때, 로봇은 더욱 친숙한 존재로 거듭날 수 있다. <바이센테니얼 맨>의 앤드류 마틴이나 <월-E>에 등장하는 쓰레기 처리 로봇 월-E는 로봇의 기본적 특성에 충실하면서도 인간성(humanity) 또한 보유하고 있는 캐릭터다. 이 로봇들을 지켜보며, 관객들은 로봇의 입장에서 서사를 따라가는 동시에 앞으로의 로봇이 어떻게 진화해 나갈지 생각할 수 있는 기회를 얻는다.

게다가 로봇 기술은 지금도 무한히 발전 가능성이 있는 영역이다. 외계인이나 초능력, UFO 등은 과학적으로 아직 제대로 입증되지 않는 소재들인 데 반해, 로봇은 언제나 현재 진행형인 존재로 남아 있는 것이다. 따라서 로봇 영화는 다른 SF 영화보다 관객들이 개연성과 가능성을 더욱 크게 느낄 수 있는 장르다. 이런 여러 가지 영향 때문에 작금의 SF 영화들은 로봇 영화의 형태로 귀결하는 경향이 있다.

로봇과 인간 – 로봇은 인간의 편인가, 인간의 적인가

모든 것은 오류에서 비롯된다 – 크리스천 두가이의 〈스크리머스〉와 리들리 스코트의 〈블레이드 러너〉

"공포 속에서 사는 게 어때? 그게 바로 노예의 삶이거든."
– <블레이드 러너>에 등장하는 복제인간(replicant)
로이 배티의 말

우리는 로봇에게 무엇을 기대하는가? 로봇은 어느 날 갑자기 하늘 아래서 뚝 떨어진 미확인 물체가 아니다. 그것의 탄생에는 인간, 근본적으로 말하자면 과학 기술이 깊숙이 개입되어 있다. 따라서 우리는 로봇이 발명되면 그것이 으레 인간의 이익을 위해 봉사할 것이라고 생각한다. 그러나 로봇이 과연 순순히 인간의 명령을 따르기만 할까?

크리스천 두가이(Christian Duguay)가 메가폰을 쥔 <스크리머스(Screamers)>와 리들리 스코트(Ridley Scott)가 감독한 <블레이드 러너(Blade Runner)>는 위의 물음에 대한 흥미로운 답변을 내놓는다. 두 작품 모두 발군의 SF 작가 필립 딕(Philip K. Dick)의 소설을 원작으로 하고 있다. 시기 차이는 좀 있지만 개봉 당시 두 영화 모두 탄탄한 스토리 라인으로 기대를 모았다. 그러나 안타깝게도 흥행에서는 별 재미를 보지 못했다. 또한 당시의 투박한 그래픽 기술로 인해 관객들의 시각적 흥미를 불러일으키는 데에도 실패하였다.

그러나 <스크리머스>와 <블레이드 러너>는 로봇의 삶과 최후, 복제인간의 정체성 등 영화 속에서 시종 굵직굵직한 물음들을 던지고 있다. 물론, 이러한 주제의식은 시기적으로 좀 이른 경향이 있었다. 당시만 해도 로봇에 대한 관심은 지금처럼 높은 편이 아니었기 때문이다. 그러나 당시의 유행이나 담론을 반영하지 않았다 하더라도, 이 작품들은 여전히 빛을 발하는 요소를 많이 품고 있다. 상당수의 SF 작품들이 그렇듯, <스크리머스>와 <블레이드 러너>는 미래에 대한 선견을 지니고 있었다. <스크리머스>는 B급 SF물치고는 오락성과 문제의식을 모두 담아내는 데 성공했고, <블레이드 러너>는 개봉한 지 20년이 넘게 흐른 지금 '저주 받은 걸작'이라는 평을 받고 있다. 이 작품들 없이 우리가 어떻게 <에이 아이>나

<매트릭스> 같은 영화를 상상할 수 있단 말인가.

<스크리머스>의 배경은 2078년의 지구다. 지구가 에너지 고갈 문제로 허덕이고 있던 중, NEB라는 회사는 에너지 문제를 단숨에 해결할 수 있는 놀라운 자원 베리늄을 발견한다. 그러나 베리늄은 엄청난 양의 방사능을 노출한다는 치명적인 문제를 가지고 있었다. 지구동맹은 NEB의 음모를 저지하기 위해 군을 파견하고 NEB가 구성한 전투군과 전쟁을 펼치게 된다. 그때 개발된 살상무기가 바로 '스크리머(screamer)'다. 그러나 스크리머는 더 이상 인간이 통제권을 쥐고 있는 무기가 아니었다. 자기 지능을 갖게 된 스크리머는 스스로 진화하고 여러 가지 모습으로 변신을 꾀하게 된다. 인간의 형상을 갖추게 되는 데에도 성공한 스크리머는 아군과 적군, NEB 전투군과 지구동맹군을 구별하지 않고 살아 있는 생명체라면 무차별 학살을 하기에 이른다.

<스크리머스>는 인간이 특정한 목적으로 개발한 로봇-기계가 얼마나 무시무시하게 변할 수 있는지를 잘 보여 준다. 로봇은 기본적으로 부품들로 구성된 유기체지만, 간단한 오류에 의해서 얼마든지 변할 수 있다는 상상력이 이 영화의 기저에 깔려 있다. 이렇듯 <스크리머스>는 약 100년 후의 시대를 상정하고 로봇이 인간을 거부할 때, 달리 말해 로봇이 인간-문명에 반기를 들 때 이 세계가 처할 상황에 대해 섬뜩할 만한 상상력을 발휘하고 있는 것이다. 로봇에게 상징적으로 DNA가 부여된다는 설정은 <블레이드 러너>에서도 비슷한 양상

<스크리머스>에 등장하는 도마뱀 타입의 스크리머 2호기.

으로 드러난다.

<블레이드 러너>에서 보이는 시대상 역시 어두운 것은 매한가지다. 2019년의 로스앤젤레스는 문명의 발달이 가져올 수 있는 가장 우울한 상황을 그대로 반영하고 있다. 도시에는 마천루들이 넘쳐 나고 인구는 이미 과포화 상태에 이르렀으며, 거의 매일 산성비가 추적추적 내린다. '넥서스 6(Nexus 6)'라 불리는 지능이 뛰어난 인조인간들은 인간을 위해 노예처럼 부려지고 있다.[4] 자본가 계층은 자신들의 안위를 위해 우주로 이민을 가고 없다. 당연히 노동자 계층은 사라지고 없고, 남겨진 사람들은 광기에 사로잡혀 흥청망청 놀거나 부랑자처럼 길거리에 나앉아 있다.

인조인간들의 1차적 임무는 우주로 떠나 식민지를 개척하는 것이다. 그러나 이 거대한 계획은 인조인간들이 지구로 귀환하면서 산산조각이 나 버린다. 그들은 인간만이 들어갈 수 있는 건물에 침투하고 4년으로 정해진 자신들의 '유통기한'을

평생으로 늘리려는 등 인간이 세운 질서를 어기고 부서뜨리려 한다. 이 인조인간들은 인간의 외양을 가지고 있는 데다가 피를 흘리고 눈물을 쏟을 수 있는 등 언뜻 보면 인간과 구분되지 않는다. 이에 맞서기 위해 경찰은 유능한 블레이드 러너 릭 데커드를 기용한다. 블레이드 러너는 고도의 감정이입과 반응 테스트를 통해 인간과 인조인간을 구별할 수 있는 능력을 지닌 자를 일컫는 용어다. 데커드는 뛰어난 혜안을 발휘해서 이 인조인간들을 하나둘 처리하기 시작한다. 지구를 지키기 위해, 그리고 인간이 이룩해 놓은 이 세계의 번영을 위해.

<블레이드 러너>는 단순히 인조인간의 위험성에 대해 역설하고 있지 않다. 오히려 이 영화는 인조인간의 시선을 통해 인간 문명에 강력한 일침을 놓는 데 성공한다. 인간이 정해 놓은 규칙과 질서가 얼마나 불합리하고 불공평한지 끊임없이 의심하게 만드는 것이다. 인간이 아무것도 할 필요가 없는 상황, 인간이 스스로 무능해지는 상황은 편안하기보다는 오히려 무시무시하다. 그것은 인간이 이미 인간이기를 포기한 상황과도 같기 때문이다.

따라서 <블레이드 러너>에서 인간이 되고자 하는 인조인간들의 욕망은 차라리 처절하게 느껴진다. 인조인간들은 인간의 선의지를 닮기보다는 더 오래 살고 싶고 더 편하게 살고 싶어 하는 인간의 가장 추악한 욕망을 추구하기 때문이다. 영화를 보다 보면, 우리가 결국 인조인간을 이런 극단적인 상황에 내몬 것이 아닌가 하는 자책에 시달리게 된다. 인조인간의

‘욕망’은 어떤 기계적 오류 때문에 발생한 것일 테지만, 그것에 대한 책임의 칼날은 결국 인간에게 향해 벼리어져 있는 것이다. 게다가 영화는 블레이드 러너가 인조인간일지도 모른다는 암시를 시종 던지고 있다. 결국 우리는 영화를 보는 내내 인간과 인조인간, 인간과 기계문명, 나아가 인간성을 지닌 인간과 인간성을 상실한 인간에 대해 고민할 수밖에 없다.

요컨대, <블레이드 러너>는 인종을 가르고 성별을 구분하는 등 타자를 솎아 내는 데 여념이 없는 인간들에 대한 경고장을 날리고 있는 셈이다. 어쩌면 영화에 등장하는 인조인간들은 인간이 발명한 단순한 기계가 아니라 흑인, 제3세계의 노동자, 여성, 장애인 등 온갖 차별과 핍박에 시달리고 있는 타자들을 대변하는지도 모른다. 우리가 우리만의 번영과 발전을 빌미 삼아 사회 밖으로 몰아내 버린 ‘그들’ 말이다. 이것 말고도 <블레이드 러너>는 세계 정복에 혈안이 되어 있는 서구권 국가와 남북전쟁에 대한 은유를 끊임없이 상기시킨다. 그래서 이 영화는 그 어떤 다큐멘터리보다 더 날카롭고 잔인하게 다가온다.

<스크리머스>와 <블레이드 러너>는 21세기의 미래상을 다루면서도, 그것을 결코 장밋빛으로만 그려 내지 않는다. 오히려 이 작품들은 인간이 창조한 기계문명이 인간 세계에 침투하는 양상, 이를테면 로봇의 오작동이나 인조인간의 침입으로 인해 결국 세계가 위협에 처하는 상황을 조망하고 있는 것이다. 그러나 앞서 지적했듯, 로봇의 궐기나 반항은 로봇 개발

단계에서의 오류 때문에 발생한 것이 아니다. 이 영화들을 보고 나면, 마치 시대가 상황을 그렇게 만든 것이 아닐까, 결국 인간의 오만함이 문제가 아닐까 하는 의구심이 든다.

이처럼 <스크리머스>와 <블레이드 러너>는 인간이 로봇에게 '당연히' 바라 왔던 몇 가지 속성들, 가령 '인간에게 무조건적으로 복종해야 한다', '오직 인간의 편의를 위해서 작동해야 한다'는 불문율을 완전히 전복해 버린다. 종래에 우리는 로봇의 반항이나 오작동이 결국 인간으로부터 나왔다는 사실을 깨닫는다. 따라서 모든 기계적 오류는 인간의 오류로 치환되고, 우리는 '바람직한 로봇'이 아닌 '바람직한 인간'의 자세에 대해서 숙고하지 않으면 안 되는 것이다. 그리고 이 문제는 <블레이드 러너>에 등장하는 인조인간 레온의 말처럼 끝내 "긁을 수 없는 가려움"으로 남는다.

로봇 위의 인간과 로봇 아래의 인간 – 스탠리 큐브릭의 〈2001 스페이스 오디세이〉와 제임슨 카메론의 〈터미네이터〉 시리즈

"데이브, 내가 혹시라도 당신이 하는 말을 들을까 봐 철저히 조심하고 있다는 걸 알고 있어요. 그러나 난 당신의 입술을 읽었답니다."
　　　　　 – <2001 스페이스 오디세이>에서 HAL 9000이
　　　　　　　　　　　　보우만 박사에게 하는 말

　로봇은 인간에 의해 창조되었다. 그리고 지난 수십 년 동안, 이 말은 로봇이 인간의 명령에 복종해야 한다는 것과 동치 개념으로 인식되었다. 영화 <블레이드 러너>에서 보이듯, 로봇은 인간의 노예와 다를 바 없는 운명을 타고 났다. 자동차나 에어컨 등 다른 기계들이 그렇듯, 로봇 역시 인간 아래의 위치에서 인간의 편의를 위해 종사해야 하는 것이다. 인간이 노예를 부리는 것은 비인간적이기 때문에 인간은 가능하면 로봇을 부려야 한다. 더군다나 로봇은 효율적이고 반영구적이며, 월말에 꼬박꼬박 급여를 지급할 필요도 없지 않은가. 로봇이 감정을 가질 위험도 없으니 우리는 그것을 이용할 때 별다른 죄책감에 시달리지 않아도 된다.

　그러나 다른 한편으로 로봇은 강하고 똑똑하기도 하다. 로봇은 지금껏 인간이 할 수 없는 일이나 인간이 오래 걸려 힘들게 하는 일들을 처리해 왔다. 복잡한 연산을 순식간에 처리하고 전자제품도 척척 만들어 낸다. 마치 신종 슈퍼히어로로처럼 로봇은 뭐든 할 수 있는 존재로 인식되기도 하였다. 이 과정에서 로봇의 역할에 방대한 양의 판타지가 개입된 것도 사실이다. 그러한 판타지는 <트랜스포머>나 <아이언 맨> 같은 영화를 통해 구체화되기도 하였다. 그러나 로봇이 강하고 똑똑하다는 점은 동시에 맹독 같은 위험성을 품고 있는 것이기도 하다. 만약 인간 아래의 로봇이 지능을 갖게 된다면? 우리는 이미 영화 <스크리머스>에서 로봇의 특출한 점이 인간 사회를 위협하는 상황을 지켜보았다. 로봇은 강하고 똑똑하지만, 이는 로봇이 파괴적이고 영악하다는 말도 되기 때문이다.

위의 두 가지 속성은 SF 서사 속에서 자꾸만 상충한다. 그래야 비로소 '얘기'가 되는 것이다. '인간이 로봇의 도움을 받으며 평생 행복하게 살았다'는 스토리는 아무런 감동도 재미도 주지 못한다. 그렇기 때문에 로봇이 '강하고 똑똑하지만 인간에 순응해야 하는 존재'라는 이중적인 사실은 더욱 얘깃거리가 된다. 보통 인간 사회에서는 강하고 똑똑한 자가 높은 자리에 군림하기 때문이다. 따라서 로봇 영화에서 로봇은 우리의 고정관념을 깨야 하고, 우리가 철석같이 믿고 있는 사고 체계의 틈새로 비집고 들어가야 한다. 그래야만 문제가 튀어나오고 그것을 풀 수 있는 기회도 얻을 수 있다.

<2001 스페이스 오디세이>와 <터미네이터> 시리즈는 위에 열거된 로봇의 속성을 영화 속에서 교묘하게 풀어내고 있다. 아서 클라크(Arthur C. Clarke)의 단편 「파수(The Sentinel)」를 그 원작으로 하고 있는 <2001 스페이스 오디세이>에는 HAL 9000이라 불리는 컴퓨터가 등장한다.5) 우주선의 중앙통제 컴퓨터인 HAL 9000은 우리가 일반적으로 생각하는 로봇의 형상을 갖추고 있지는 않다. 그것은 카메라처럼 붉은 빛을 껌벅이며 승무원들의 명령을 듣고 따를 뿐이다.

그러나 승무원들이 자신에게 개인적인 비밀 명령을 내리자, HAL 9000은 혼란에 휩싸이게 된다. 그 명령들이 서로 충돌을 일으켜 그 일을 다 처리하기 위해서는 논리적 모순을 이겨 내야 하는 상황에 직면한 것이다. HAL 9000은 단순히 그 명령

<2001 스페이스 오디세이>에 등장하는
HAL 9000의 모습.

들을 처리하거나 거부하는 대신 반란을 일으키기로 결심한다. 이 강하고 똑똑한 로봇은 자신의 시스템 자체를 혼란스럽게 만든 장본인인 승무원들을 하나씩 처리하기 시작한다. 자신의 힘을 인지하기 시작한 순간, HAL 9000은 명령을 받드는 자에서 명령을 하는 자로 둔갑한다. 그는 우주선의 선장 역할을 자처하고, 승무원 '풀'을 우주선 밖으로 던져 버린다. 이 절대 파워 앞에서 인간은 그저 무기력하게 있을 수밖에 없다. HAL 9000은 "차라투스트라가 이렇게 말했듯",[6] 선장에게 명령조로 선언하기에 이르고, 이 일련의 장면들은 '도나우 강의 푸른 물결'과 암초처럼 계속 부딪친다. 결국 로봇 위에 있던 인간은 로봇 아래의 인간으로 힘없이 낙하하고야 만다.

한편, 제임스 카메론이 권두 지휘한 <터미네이터> 시리즈에는 로봇들이 등장한다. <터미네이터 1>과 <터미네이터 2>에 등장하는 로봇들은 그 캐릭터는 상이하지만, 둘 다 인간이 내린 특정 업무를 수행하기 위해 탄생했다는 공통점을 갖고 있다. <터미네이터 1>에 등장하는 로봇은 특정인을 암살할 용도로 제작되었고, 튼튼한 골격을 지니고 있는 데다가 목소리 변조까지도 너끈히 해낸다. T-800이라 불리는 이 무시무시한 로봇 병기는 '터미네이터'라는 말 그대로 "끝장을 내는" 캐릭터인 것이다.

보통의 SF 영화에서 반란하는 쪽은 로봇이었지만, <터미네이터 1>에서 반란을 일으키는 쪽은 반대로 인간이다. 왜냐하면 <터미네이터 1>의 배경이 되는 2029년의 로스앤젤레스는 기계가 인간을 노예처럼 부리는 사회이기 때문이다. T-800은 기계가 인간을 지배하는 사회, 다시 말해 로봇이 인간 위에 있는 사회에서 탄생했기 때문에 당연히 기계의 명령에 따른다. 존 코너를 사령관으로 둔 인간 부대는 로봇과 한바탕 전쟁을 치르게 되고, 결국 기계는 T-800에게 특별한 미션을 내린다. 그것은 다름 아닌 1984년 로스앤젤레스로 돌아가서 존 코너의 탄생 자체를 막으라는 것이다.

<터미네이터>는 이처럼 로봇이 인간 위에 군림하는 상황을 상정하고 이야기를 풀어 나간다. 로봇이 인간을 지배한다는 설정은 단순히 디스토피아적 상황을 보여 주는 것에 그치지 않고, 인간이 창조한 기계문명이 반대로 인간을 종속시킬 수 있음을 우리에게 상기시킨다. 마치 조지 오웰이 만들어 낸 '빅 브라더'의 21세기 버전처럼 말이다. 이 사회에서 로봇은 '강하고 똑똑하기 때문에' 인간에게 더 이상 순응하지 않아도 되고, '로봇은 인간의 명령에 따라야 한다'는 불문율 또한 자

동적으로 깨지게 된다.

결국 T-800은 현명한 여주인공 사라에 의해 최후를 맞게 되지만, 그는 자신의 말대로 '다시 돌아와서(I'll be back)' <터미네이터 2>에서는 반대로 인간을 구하는 과업을 수행하게 된다. 여기서 2029년에 처음으로 빛을 본 T-800의 죽는 시기가 1984년이라는 점은 의미심장하다. 물론, 기계가 T-800을 보낸 1984년은 단순히 존 코너가 태어나기 직전의 해일지도 모른다. 그러나 이 당연한 운명은 어쩐지 수상쩍은 구석이 있다. 1984년은 로봇 연구가 아직은 활발히 진행되고 있지 않았던 시기, 세계가 덜 금속적이고 대신에 더 인간적이었던 시기였다. 제1세대 터미네이터인 T-800이 사라지는 데 이렇게 적합한 시기가 또 있을까.(게다가 1984년은 조지 오웰의 장편『1984』의 배경이 되는 해이기도 하다.) 요컨대, 터미네이터의 최후는 마치 기계문명의 주도권을 다시 인간이 쥐기 위해서는 과거로 회귀하는 수밖에 없음을 역설하는 것 같다.

<터미네이터 2>에 등장하는 T-800은 전편에 등장한 터미네이터보다 한 단계 업그레이드된 캐릭터다. 새로운 T-800은 기존의 T-800보다 더 강하고 지능도 뛰어나며, 몸이 생체조직으로 덮여 있어 맘만 먹으면 인공 피도 흘릴 수 있다. 훨씬 더 사람에 가까워진 부분은 비단 외양뿐만이 아니다. <터미네이터 2>에서 T-800은 인간의 편에 서게 되는데, 전편에서 악역으로 등장한 '터미네이터'가 선한 모습으로 돌아온 데 대해 관객들은 커다란 충격을 받을 수밖에 없다. 인간 편에 선 로봇

이 얻게 되는 칭호는 '악당'이 아니라 '영웅'이며, 전적으로 프로그래밍에 의해 결정되는 것임에도 불구하고 로봇의 행위는 '인간적'인 무엇으로 격상되는 것이다.

가령 <터미네이터 2>에서 T-800은 병원에 있는 사라를 구하며 다음과 같이 말한다. "살고 싶으면 나와 같이 가요." 이 말은 <터미네이터 1>의 나이트클럽 장면에서 카일이 사라를 구할 때 한 말과 정확히 일치하는 것이다. <터미네이터>에서 T-800은 사라의 목숨을 위협하는 존재였지만, <터미네이터 2>에서 T-800은 사라와 그의 아들을 보호하는 역할을 떠안는다. 따라서 T-800은 로봇임에도 불구하고 인간처럼 느껴지고, T-800 역시 발화 행위를 통해 인간을 그대로 흉내 내려고 한다. <터미네이터 2>의 마지막 장면에서, T-800은 용광로 속에 몸을 던지는 것으로 미리 계획된 '소멸'의 길을 택한다. T-800 용광로 속에 서서히 가라앉을 때, 우리는 로봇에 감정이입을 하게 된 이상 슬픔의 감정을 좀체 억누를 수 없다. 따라서 그가 엄지손가락을 위로 치켜들며 마침내 사라지는 순간, 우리는 이상한 상실감에 시달리게 된다. 결국 또 인간만이 남게 된 것이다.

이렇듯 <2001 스페이스 오디세이>와 <터미네이터> 시리즈에는 인간과 로봇 사이의 권력 문제가 두드러진다. <2001 스페이스 오디세이>에서 애초에 주도권을 쥔 쪽은 인간이었고, <터미네이터>에서는 기계로 대표되는 로봇이 인간 사회를 지배하고 있었다. 그러나 권력은 전복될 때 가장 큰

매력이 있는 법. <2001 스페이스 오디세이>에서 HAL 9000
은 '인간 위의 로봇'이 되고자 반란을 일으키고 <터미네이
터>에서 인간은 예전의 세계를 되찾기 위해 로봇과의 전쟁을
선포하기에 이른다. 영화라는 콘텐츠 역시 인간의 손에 의해
창조되고 그것을 소비하는 종은 결국 인간이라는 점 때문일
까, 두 차례의 전쟁에서 승리하는 쪽은 언제나 인간이었다.

그러나 우리는 이 작품들을 보고 안도의 한숨을 내쉬며 '로
봇 위의 인간'으로서 득의양양할 수만은 없다. <2001 스페이
스 오디세이>와 <터미네이터> 시리즈는 21세기 사회상을
제시할 뿐만 아니라, 관객들로 하여금 인간과 로봇의 위치에
대해 곰곰이 생각하게 만들기 때문이다. 이 작품들 속에서 로
봇은 단지 '문명의 부산물'이 아니라 '생각하는 기계'로서 기
능한다. 이는 결국 누가 누구의 위에 위치할 수 있는가, 대체
누가 명령을 내리고 누가 명령을 받들 수 있는가 하는 문제로
이어진다. 생각해 보라. <터미네이터>에 등장하는 로봇이 강
하고 똑똑하지만, 인간에게 전적으로 복종한다는 점은 얼마나
다행인가. 그가 인간의 명령을 순순히 따르지 않았다면, 명령
을 이행하는 과정에서 혹시라도 자신의 욕구를 발견했다면,
얘기는 어떻게 달라졌을지 모른다. 만약 T-800이 충분히 영악
했다면 <터미네이터>의 결말은 지금처럼 훈훈하지 않았을
것이다.

이 작품들을 통해 터미네이터는 슈퍼스타가 되었고 <2001
스페이스 오디세이>는 문자 그대로 SF 영화계의 오디세이가

되었다. 스크린 밖에 남겨진 우리들은 <2001 스페이스 오디세이>를 통해 휴머니즘과 테크놀로지의 대결에 대해 숙고할 수 있는 기호를 갖는다. 또한 <터미네이터> 시리즈를 보며 로봇의 시선으로 본 인간성의 회복, 로봇의 운명 등에 대한 진지한 깨달음을 얻기도 한다. 그리고 이러한 고민은 결국 로봇과 인간의 공존 문제 등 로봇으로 대표되는 최첨단 기계문명에 대한 진지한 반성으로까지 연결된다. 한 가지 다행인 것은, 현재 제작되고 있는 수많은 로봇 영화들이 이러한 반성의 기회를 끊임없이 제공한다는 점이다.

로봇과 욕망 – 너는 시방 위험한 로봇이다

인간이 되고 싶은 로봇과 로봇이 되고 싶은 인간 – 크리스 콜럼버스의 〈바이센테니얼 맨〉과 존 파브로의 〈아이언 맨〉

"나는 모든 것을 이해하려고 노력해요. 왜 그런가 하면, 운명을 믿기 때문이에요. 내가 지금 이 상태로 있는 데에는 다 그럴 만한 이유가 있지요. 정말 그럴 겁니다."
– <바이센테니얼 맨>에 등장하는 로봇 앤드류 마틴의 말

로봇은 기계다. 로봇이 기계라는 사실 이면에는 그것이 인간에 의해 조종돼야 마땅하다는 섬뜩한 원리가 숨어 있다. 따라서 로봇은 수동적이어야 하고, 자신에게 부여된 소명에 충

실해야 한다. 이는 다음 장에서 살펴볼 예정인, 아이작 아시모프가 주창한 '로봇의 3원칙'에도 잘 드러나 있는 것이다. 인간은 로봇을 발명한 당사자로서 생활의 편의, 인류의 번영 등 그럴듯한 명목을 내세워 로봇을 십분 이용해야 한다. 그러나 인간이 로봇이 되길 꿈꾼다면? 로봇처럼 영리하고 강해지고 싶다면? 반대로 로봇이 인간이 되길 꿈꾼다면? 인간처럼 생각하고 감정을 표현하고 싶다면?

<바이센테니얼 맨>과 <아이언 맨>은 로봇과 인간이 각기 다른 존재로 거듭나고자 하는 욕망을 잘 담아낸 영화들이다. 이는 <2001 스페이스 오디세이>나 <터미네이터> 시리즈가 보여 주었던 지배욕과도 무관하지 않아 보이지만, 욕망이 되는 대상이나 욕망이 드러나는 양상은 사뭇 다르다. <바이센테니얼 맨>에서 로봇은 인간-되기를 욕망하고 <아이언 맨>에서는 로봇을 지향하는 인간이 등장한다. 또한 <2001 스페이스 오디세이>나 <터미네이터> 시리즈에서 로봇은 세계 평화를 위협하는 존재로 등장하지만, <아이언 맨>에서는 오히려 로봇의 힘을 빌려 세계 평화의 위업을 달성해 낸다.

크리스 콜럼버스가 감독한 <바이엔테니얼 맨>에는 앤드류 마틴이라는 이름을 가진 인간의 형상을 닮은 로봇이 등장한다. 앤드류 마틴은 가사 노동을 전담하는 로봇이다. 앤드류는 가장인 리처드를 '주인님'이라고 부르고 막내딸을 '리틀 미스'라고 부르는 등 특유의 공손하고 싹싹한 성격으로 가족들의 사랑을 받으며 생활한다. 앤드류는 나무 조각상을 만들고

<바이센테니얼 맨>에 등장하는 로봇 앤드류 마틴의 모습.

막내딸과 함께 피아노를 치면서 인간의 감정이라는 것을 조금 씩 이해하게 된다.[7] 앤드류는 급기야 막내딸을 연모하게 되고, 막내딸이 결혼을 하자 상심에 빠져 자신과 같은 처지에 빠진 로봇을 찾아 긴 여정에 나선다.

앤드류는 자신이 인간처럼 감정을 소유해서는 안 된다는 사실까지도 깨닫는데, 이는 앤드류가 자신을 '불량 로봇'이라 고 인식하는 데서 잘 드러난다. 세월이 흘러 앤드류는 다시 집 으로 돌아오지만, 이미 자신이 사랑했던 막내딸은 꼬부랑 할 머니가 된 상태다. 앤드류는 언제나 건강한 상태를 유지하고 있는 자신과는 달리, 인간은 늙고 병들고 결국 죽음에 이르게 된다는 사실을 알게 된다. 그는 단지 지켜보는 행위, 달리 말 해 죽음에의 간접 체험을 통해 인간의 룰을 배우는 것이다. 앤 드류는 자신의 성장이 정지해 있다는 사실에 좌절하고, 오히 려 인간처럼 서서히 늙어 가길 원한다. 옆에서 지켜보기만 할 때 그는 인간의 타자, 인간이 구성한 사회의 외부인에 불과하기 때문이다. 인간의 라이프 사이클을 따라야 사랑이 가능하다고 믿은 앤드류는 인간과 같아지기 위해 무수한 노력을 한다. 그는 안드로이드가 되고, 내장기관을 인간의 그것으로 바꾸는 데에도 성공하지만 인간으로 인정받는 일은 그리 쉽지가 않다. 앤드류는 결국 자신을 인간이라 '임명'하는 법원의 결정을 방송으로 지켜보다가 조용히 숨을 거둔다.

<바이센테니얼 맨>은 인간이 되고 싶어 하는 로봇을 영화의 전면에 배치함으로써, 인간이 만들어 놓은 여러 규범들과 로봇의 3원칙이 어떻게 기능하는지를 잘 보여 주고 있다. 이 영화는 감히 인간을 넘보는 로봇이 있다는 극단적인 가정하에 진행되긴 하지만, 속을 들여다보면 인간이 설정해 놓은 규범이 얼마나 편협하고 인간 중심적인가를 꼼꼼히 따져 보게 해 준다. '감정'을 기반으로 한 앤드류의 욕망은 과거 '지능'을 꿈꾸었던 수많은 로봇들의 욕망보다 훨씬 고차원적이다. 왜냐하면 지금도 로봇은 어떤 면에서는 인간보다 더 똑똑하기 때문이다. 그 지능 역시 인간이 부여했다는 점에서, 로봇의 지능에 거부감을 느끼는 사람은 없다. 따라서 사랑을 하고 아픔을 느끼는 등 인간만이 응당 지녀야 하는 감정을 로봇이 갖는다는 설정은 도발적으로까지 느껴진다.

결국 앤드류는 죽음을 택하는 것을 통해 비로소 인간으로 격상된다. 신이 숭앙받는 것은 그 무한성 때문이지만, 로봇인 앤드류는 그 무한성을 포기하고 스스로 유한성에 몸을 맡김으

로써 인간으로 거듭난 셈이다. 과연 생물학적 특성이 인간과 그 밖의 것들을 구분하는 가장 적합한 틀이라고 볼 수 있을까? 인간이 앤드류를 인간 사회에 편입시키지 않은 것도 결국 인간이 만들어 낸 허구적 개념인 '존엄성' 때문이 아니었을까? 따라서 <바이센테니얼 맨>의 결말은 쓸쓸한 동시에 씁쓸함을 자아낸다. 이 영화를 감히 인도주의를 뜻하는 '휴머니즘(humanism)' 영화라고 불러도 될까?

존 파브로가 메가폰을 쥔 <아이언 맨>은 전형적인 슈퍼히어로를 등장시키면서도, 기존의 1인 액션물이 지향해 왔던 구조를 뒤트는 영리함을 발휘한다. <스파이더 맨> 시리즈가 그렇듯, 대부분의 영웅은 평범한 사람이 특정한 기회에 점지를 받아 탄생되곤 했다. 아니면 <배트맨> 시리즈에서 보이는 것처럼 밖에 나가면 대단하지만, 과업을 달성하고 거처로 돌아온 후에는 무상감에 젖어 스카치나 홀짝이는 외로운 사람이 영웅을 대변했다. 그것은 다분히 인간적인 이유에서 비롯된 것이다. 왜냐하면 너무 완벽한 영웅은 관객들의 캐릭터 몰입을 방해하기 때문이다. 그러나 <아이언 맨>은 이런 전통적인 믿음을 완전히 뒤흔들어 버린다. 주인공 토니 스타크는 언론의 주목을 받는 유명인사, 거대 기업의 CEO 등 일반인이 감히 범접하기 어려운 커리어를 자랑하는 것이다. 게다가 감히 기자들 앞에서 자기가 영웅이라고 선언하기까지 한다. 거기에 쇼맨십과 유머, 화려한 외모까지 갖춘 이 새로운 영웅은 단박에 시대의 아이콘이 되었다. 대중들이 잘난 영웅과 사랑에 빠진 것이다.

그러나 <아이언 맨>은 기존의 영웅 서사가 지향하는 스토리 라인을 그대로 밟아 나간다. 이는 주인공인 토니 스타크가 기존의 영웅들이 밟는 수순을 그대로 따른다는 점을 통해 잘 드러난다. 기존의 영웅들처럼, 토니 스타크 역시 한시도 쉴 틈 없이 더 강해지지 않으면 안 된다. 왜냐하면 주인공만큼 강한 적들이 언제 출몰할지 알 수 없기 때문이다. 토니 스타크가 Mark 1에서 Mark 2, 다시 Mark 2에서 Mark 3로 자신의 슈트를 업그레이드하는 것은 영웅의 요건을 갖추어 가는 과정에 다름 아니다. 그러나 그가 마침내 아이언 맨이 되었을 때, 관객들은 자신의 눈을 의심하며 당황하지 않을 수 없다. 왜냐하면 기존의 영웅들은 배트 슈트나 스파이더 슈트를 입었어도 여전히 인간 같았다. 그러나 아이언 맨은 그야말로 최첨단 과학기술이 빚어낸 고철 덩어리처럼 보인다. 아이언 맨은 인간-로봇이고, 이는 그가 자신의 몸에서 로봇의 속성을 벗어던지면 더 이상 영웅이 아님을 시사한다. 따라서 토니 스타크는 다른 영웅과 달리 끊임없이 자기 갱신을 하지 않으면 안 된다. 그러나 이 점이 영웅이 되는 데 있어 치명적인 결격 사유로 작용할까?

대답은 노(No)이다. 토니 스타크는 더 튼튼한 고철 덩어리를 제조함으로써 자신의 불완전한 속성을 보완해 나간다. 세계 평화 달성이라는 미션을 지켜보는 게 지루하지 않은 것도 다 이 때문이다. 과거 영웅 서사에서 이 진부한 미션은 지능이나 액션 중 한 가지, 특히 액션을 통해 달성되곤 했다. 그러나 토니 스타크는 두뇌와 근육을 둘 다 사용한다. 그는 자신이 세계를 구하려면 기술이 필요하다는 것을 그 어떤 영웅보다도 잘 알고 있다. 과거 영웅 서사에서 가장 중요했던 건 영웅의 기본적인 자질이었다. 그리고 이 전략은 거의 대부분 잘 먹혀들었다. 강하고 날렵한 육체로 악당을 처치하는 과정은 관객들에게 원초적인 즐거움을 가져다주었으니 말이다. 물론 영웅이 일체 무기의 도움을 받지 않은 것은 아니었다. 그러나 총칼이 아무리 발전해도 그것을 다루는 것은 기본적으로 영웅의 몫이었다. 총칼이 없을 시에도 영웅은 맨몸으로 싸워 악당을 때려눕혀야 했다. 그러나 아이언 맨의 영웅은 로봇이 되지 않고는 영웅이 될 수 없다. 이를테면 반쪽짜리 영웅.

토니 스타크는 영웅 되기를 자처했지만, 하이테크 슈트(hightech suit)가 없으면 위기에 빠진 지구를 구할 수 없는 것이다. 이런 사람이 영웅이 되는 길은 단 하나. 더 강한 로봇이 되는 것. 따라서 다른 영웅 서사에서 '훈련'을 통해 드러나는 '영웅-되기'의 과정은 <아이언 맨>에서 '실험'으로 대체된다. 같은 맥락에서 아이언 맨에게는 '연마'가 아닌 '업그레이드'가 더 중요하다. 이는 과학기술이 하루가 멀다 하고 발전하는 것과도 맥이 닿아 있다. 게다가 토니 스타크는 영웅으로 변신하기 위해 스스로 로봇이 되는 일을 한 치도 거리껴 하지 않는다.8) 그는 로봇의 외피를 뒤집어씀으로써, 영웅이 되기엔 자신이 태생적으로 불완전하다는 사실을 시인하는 셈이다. 이 얼마나 쿨한 영웅이란 말인가. 이처럼 <아이언 맨>의 토니 스타크는 로봇을 욕망하는 인간이다. 따라서 그가 '영웅'을 욕망하기 위해서는 '로봇'을 먼저 욕망하지 않으면 안 된다. 아이언 맨으로 변신했을 때의 그를 로봇이라고 부를 수 있을지는 확실치 않지만, 슈퍼히어로의 전통을 파괴했다는 점에서 토니 스타크가 매력적인 영웅임에는 틀림없다.

이처럼 <바이센테니얼 맨>과 <아이언 맨>은 인간이 되고 싶은 로봇, 로봇이 되고 싶은 인간을 등장시킴으로써, 상이한 욕망이 영화 속에서 어떻게 발현되는지를 잘 보여 준다. 이 영화들은 단순히 불가능한 것에 대한 욕망이 가져다주는 쾌락과 위험성을 재현하는 데서 그치지 않고 존재의 문제, 권력의 문제 등 실존의 영역에까지 텍스트를 확장한다. <바이센테니얼 맨>을 통해 우리는 인간을 인간답게 해 주는 것이 무엇일까 생각해 볼 기회를 얻고, <아이언 맨>을 보며 로봇이 된다는 것, 전능한 신체를 갖는다는 것이 어떤 의미인지 파악할 수 있기 때문이다. 이 영화들을 보고 나면 로봇이 인간을 꿈꾸고 인간이 로봇을 꿈꾸는 것이 인간사회에서 벌어질 수 있는 수많은 일들 중 하나라는 생각이 든다. <바이센테니얼 맨>과 <아이언 맨>은 둘 다 '사랑'과 '평화'라는, 케케묵었지만 영원불변할 가치를 영화 속에서 재생산하고 있기 때문이다.

사이보그라도 괜찮아? - 폴 버호벤의 〈로보캅〉과 리처드 어빙의 〈600만 불의 사나이〉

"그들이 고쳐줄 거예요. 그들은 모든 걸 고치거든요."
- <로보캅>에 등장하는 알렉스 J. 머피의 말

사이보그(cyborg)는 기계적인 도움을 받아 신체의 한계를 극복한 사람들을 일컫는 용어다. 어감이 주는 차가운 인상과는 달리, 사이보그는 인공두뇌학을 뜻하는 'cybernetic'과 유기체를 뜻하는 'organism'이 결합된 단어다. 생체 기능 대행을 하는 기계라는 점에서 로봇이라고 생각하기 쉽지만, 신체의 특정 부위에 로봇을 부착한다는 점에서 사이보그는 엄밀히 로봇과 다르다. 오히려 사이보그는 신체의 일부에 로봇을 이식한 인간으로 번역되어야 옳을 것이다.9) 요컨대, 사이보그는 신체의 일부만 로봇인 인간, 로봇의 도움을 받아 생활하는 인간인 셈이다.

폴 버호벤이 감독한 <로보캅>에는 사이보그 경찰이 등장한다. 사명감이 투철한 경찰 머피는 어느 날 범인들을 쫓다 무참히 살해되는데, 방위산업체 과학자들이 그를 데려다 기술의 힘을 빌려 재생시킨다. 그 과정에서 죽었던 머피는 티타늄으로 보강된 몸을 갖게 된 후 사이보그로 태어나게 된다.10) 그뿐만 아니라 정교한 프로그래밍으로 인해 기존의 기억은 전부 삭제되고 대신 그 자리에 임무에 대한 설계도가 자리 잡는다.

〈로보캅〉에 등장하는 주인공 머피의 모습.

기억이 말소되어 그는 이제 자신이 머피임을 인식하지도 못한다. 그의 머릿속에는 오로지 적들을 소탕해야 한다는 사명감만이 남아 있을 뿐이다. 업그레이드된 몸으로 인해 '경찰'로서 더욱 유능해진 그에게 남은 일은 딱 하나. 디트로이트의 영웅이 되어 민중의 지팡이가 얼마나 단단할 수 있는지를 보여 주는 것이다.

그러나 아무런 감정 없이 무차별적으로 적들을 소탕하는 경찰은 매력을 끄는 데 한계가 있다. 인간성이 결여되어 있는 캐릭터에게 관객들은 완벽히 매료되지 못하기 때문이다. 따라서 영화 속에서 로보캅은 어느 순간, 감정을 가진 자로 변모하지 않으면 안 된다. 이 변모는 로보캅의 동료 루이스가 그가 머피라는 것을 알아챌 때, 달리 말해 로보캅이 자신을 그저 일개 경찰이 아니라 '머피'라는 이름을 지닌 사람으로 인식할 때 이루어진다. 그는 과거 루이스에 대해 품었던 연정이 모락 모락 피어오르는 것을 느끼고 비로소 인간성에 한 발짝씩 다가가게 된다.

하지만 로보캅은 자신을 완벽히 머피라고 규정하지 못한다. 그는 자신의 외피를 뒤덮은 티타늄 갑옷을 쉬 벗어던질 수 없는 것이다. 그것이 물리적으로 그의 신체 일부를 차지하고 있다는 점은 그래서 더욱 의미심장하다. 다시 인간이 되기 위해 사이보그 몸체를 섣불리 떼어 낸다면 그는 죽음에 이르게 될 게 빤하기 때문이다. 따라서 로보캅은 자신의 정체성에 혼란을 느낄 수밖에 없다. 그는 자신을 사람이라고 인식하면서도, 티타늄 신체를 바라볼 때마다 기계-생물체와 인간 사이에서 오는 묘한 괴리감에 시달리는 것이다.

로보캅이 경찰의 업무를 멋지게 끝내고 디트로이트에 평안을 안겨다 준 직후, 그는 자신의 정체성을 규정지을 수 있는 최후의 질문을 받는다. 그것은 다름 아닌 자신이 누구인지를 파악하는 질문이다. 그는 자신의 이름을 똑똑히 '머피'라고 대답하며 정체성과 관련된 갈등에 종지부를 찍는다. 치안을 둘러싼 사회의 갈등은 해소되었고, 그 공로의 대가로 머피 역시 자신의 정체성을 되찾는 것이다. 다시 사람으로 거듭난 그에게 남은 일은 딱 하나. 루이스와의 사랑을 완성하는 것.

사이보그를 전 세계에 알린 콘텐츠는 다름 아닌 TV 시리즈였다. 리처드 어빙이 감독을 맡은 TV 시리즈 <600만 불의 사나이(Cyborg: The Six Million Dollar Man)>는 당시에 선풍적인 인기를 끌며 1974년부터 6년 동안이나 안방극장에 안착할 수 있었다.11) 특히 주인공인 스티브 오스틴이 초인적인 힘을 발휘할 때마다 사람들은 가슴이 두근거리는 것을 어찌할 수 없었다. 슬로우 모션 처리된 스티브의 움직임과 독특한 음향은 확실히 사람들을 홀리게 하는 묘한 중독성이 있었다.

NASA의 우주비행사였던 스티브는 임무를 마치고 착륙할 때 불의의 사고를 당하게 된다. 이 사고로 스티브는 왼쪽 팔이 절단되고 화상으로 인해 두 다리 역시 잃을 수밖에 없었다. 게다가 척추 골절로 인해 오른팔마저 잃을 가능성이 높은 데다가 오른쪽 눈을 실명하는 등 생명을 유지하는 것조차 불투명한 상태였다. 그는 의식을 차리고 스스로 목숨을 끊으려 하지만, 그때 한 줄기 빛이 그의 얼굴을 비추게 된다. 그것은 다름아닌 인공 팔과 인공 다리, 인공 눈을 이식할 수 있다는 희망.

결국 스티브는 생명공학 기술로 말미암아 새 삶을 꾸릴 수 있게 된다. 과거와 한 가지 다른 점이 있다면 더욱 강해지고 빨라지고 비상해졌다는 것. 새로 단 인공 팔은 불도저처럼 모든 것을 파괴할 수 있을 만큼 강하고 새로 단 인공 다리는 빛의 속도로 달릴 수 있을 만큼 빨랐다. 이뿐만이 아니다. 새로 단 인공 눈은 그로 하여금 아주 멀리 있는 것도 선명하게 볼 수 있게 해 주었던 것이다. 사이보그가 된 스티브는 더 이상 과거의 우주비행사가 아니었다. 그의 능력이 놀라워진 만큼 그는 거기에 맞는 새로운 직업을 구해야 하는 것이다.

스티브는 국가 첩보 조직의 비밀요원이 되어 활동하게 된다. 그의 임무는 외국 스파이, 외계생물체, 미치광이 과학자

등을 상대하는 것. 스티브는 졸지에 세계의 질서를 유지하는 역할을 떠안게 된 것이다. 그러나 그는 이 미션을 거부할 수 없다. 그가 만약 이 미션을 거부한다면 사람들은 그를 이 사회의 일원으로 인정하지 않을 테니 말이다. 그럴 때 그가 할 수 있는 일은 과연 무엇이겠는가. 자괴감에 빠져 어느 구석에 처박힌 채 시름시름 죽어 가거나 사회에 반감을 품고 괴수가 되는 것. 그래서 스티브는 당연히 '옳은 자'의 편에 설 수밖에 없다. 이런 점에서 미루어 볼 때 사이보그가 된 순간, 그러니까 제2의 생명을 부여받는 순간, 그의 진로는 이미 확정된 것이라고 볼 수 있다.

요컨대 스티브는 낯선 것들, 이방의 것들을 사회에서 밀어내는 행위를 통해 자신의 존재를 정당화하는 것이다. 이는 그에게 '사이보그라도 괜찮다'는 정당성을 부여해 준다. 적재적소에 자신의 파워를 이용해서 흔들리는 지구를 원위치로 되돌려 놓으면, 그는 600만 불 이상의 사나이로 이 사회에 남아 있을 수 있는 것이다. 사회에 진 빚을 갚는 심정으로 그는 쏜살같이 사건 현장에 달려가 무쇠팔을 휘두른다. 사이보그가 지닌 한계를 외려 장점으로 극대화시킨 이 전략은 제대로 먹혀들었다. 그는 시대의 영웅이 된 것이다. 그의 '선행'으로 인해 사이보그가 주는 이물감은 선망으로 바뀌게 된다. 시청자들은 이 놀라운 초인을 더 이상 이상한 시선이 아닌, 경외의 시선으로 바라보게 된 것이다. 이것은 <600만 불의 사나이>가 장수할 수 있는 가장 큰 비결이기도 했다.

<로보캅>과 <600만 불의 사나이>를 통해 우리는 사이보그가 어떠한 존재고 어떠한 상황에 처해 있는지 파악할 수 있게 된다. 이 기계-생물체는 인간과 기계의 경계에 서 있는 것이다. 로보캅의 경우처럼 기계를 포기할 수 없을 경우에 이 경계는 더욱 선명해진다. 600만 불의 사나이 역시 자신의 힘을 오롯이 사회에 바치지 않으면 안 된다. 그렇지 않으면 사회에서 배제되는 건 시간문제이기 때문이다. 따라서 이들은 자신이 기계인지 인간인지 정체성에 혼란을 겪으면서도, 사회를 위해 봉사하는 것을 결코 그만둘 수 없다. 그것은 영화 속에서 지구의 수호나 사회질서의 유지 등 거창한 가치로 포장되지만, 그들이 사회에 투신하면 할수록 그들이 지닌 고유한 정체성은 사라지고 만다. 머피와 스티브는 자신이 먼저 인식하기도 전에 사회의 시선을 통해 스스로를 인식하기 때문이다. 미국의 사회학자 쿨리(C. H. Cooley)의 말을 인용하자면 그들은 스스로를 '거울 속의 나(looking-glass self)'로서만 파악하는 셈이다.

이처럼 사이보그가 되면 사이보그라도 괜찮은 게 아니라 사이보그여서, 사이보그이기 때문에 오히려 괜찮아야 한다. 그것이 정치적으로 올바른(politically correct) 것이라고 일반적으로 인식됨은 물론이거니와, 그렇게 되어야만 이야기가 시작될 수 있기 때문이다. 누가 나약한 사이보그나 아웃사이더 사이보그를 원하겠는가. 사이보그는 응당 인간 이상의 능력을 발휘해야 하고 과학기술의 힘을 빌려 핸디캡을 강점으로

승화시키지 않으면 안 되는 것이다. 그러나 그러면 그럴수록 사이보그는 자신의 정체성을 파악하는 기회를 점점 잃을 수밖에 없다. 사회에 필요한 존재로 용인이 되고 공공선에 이용당할 때에만 그들은 가치 있는 무엇으로 평가되기 때문이다. 따라서 <로보캅>과 <600만 불의 사나이>는 사이보그에 대한 편견을 깨뜨리는 동시에, 그것에 대한 편견을 다른 방식으로 공고히 다지고 있다. 사이보그는 강하고 그래서 영웅이 되어야 한다는 생각이 바로 그것이다. 사회 도처에 있는 사이보그들이 모두 다 영화 속에서처럼 멋지지는 않을 텐데도 말이다. 비록 영화 속에서지만, 사이보그의 운명은 이처럼 기구하고 처량하다.

느끼는 로봇과 생각하는 로봇 – 스티븐 스필버그의 〈에이 아이〉와 알렉스 프로야스의 〈아이, 로봇〉

> "인간들은 우리를 너무 똑똑하고 빠르게, 결정적으로 너무 많이 만들었어. 그들이 저지른 실수 때문에 우리는 고통받지. 왜냐하면 최후에 다다랐을 때 남겨질 대상은 오직 우리밖에 없거든."
> – <에이 아이>에 등장하는 지골로 조(Gigolo Joe)의 말

로봇 진화의 끝은 어디일까. 첨단 로봇이 갖춰야 할 필수 요소는 과연 무엇일까. 인간의 명령을 잘 따르는 게 로봇의 가

장 큰 미덕이라고 말할 수 있을까. 인간의 명령이 잘못되었을 경우는 없을까. 그런 상황에 처한 로봇들은 어떻게 대처해야 할까. 인간과 로봇의 관계는 일방적이어야 꼭 이상적이라고 단언할 수 있을까. 로봇 역할의 한계는 충직한 비서까지인가, 진실한 친구까지인가. 자유자재로 소통이 가능해지고 로봇과 감정을 나눌 수 있게 될 경우, 인간은 순순히 로봇을 인간의 영역에 끌어들일 수 있을 것인가.

<에이 아이>와 <아이, 로봇>은 영화 속에서 위의 질문들을 끊임없이 던진다. 영화가 진행됨에 따라 어떤 질문들은 명쾌하게 풀리고 어떤 질문들은 미해결 상태로 남는다. 그러나 대부분의 질문들은 애초부터 답이 없다고 봐도 무방하다. 상당수의 로봇 이슈들은 아직 제대로 메지가 나지 않은 상태이고, 이는 우리가 로봇과 관련하여 경험해 보지 않은 일이 태반이라는 사실을 보여 주는 것이다.

스티븐 스필버그가 각본과 감독을 맡아 기대를 한 몸에 받은 <에이 아이>는 흥행에서 큰 재미를 보지는 못했지만, 느끼는 로봇을 둘러싼 인간의 태도, 느끼는 로봇이 느낄 수 있다는 점 때문에 받아야 하는 상처를 집요하게 파고든 수작이다. 감상적인 결말이 못마땅하지 않은 것은 아니지만, 이는 어찌 보면 종래에 로봇이 처할 수밖에 없는 당연한 상황으로 받아들여진다. 이 때문에 가족의 빈 곳을 채워 주기 위해 만들어진 로봇의 기구한 운명은 인간의 생로병사의 과정만큼이나 애틋함을 자아낸다.

<에이 아이>에는 섬뜩할 만큼 인간과 유사한 외모를 지닌 로봇이 등장한다. 이 로봇의 역할은 식물인간이 된 친아들의 빈자리를 메우는 것. 극 중 엄마는 로봇 데이비드가 친아들 마틴을 대신할 수 없다고 부정하다가 결국 데이비드의 지고지순한 애정 공세로 인해 마음을 완전히 열게 된다. 데이비드는 사랑을 하고 사랑을 받기도 하면서 가족 내 친아들의 자리를 완벽히 채운다. 데이비드의 천진한 외모와 순수한 마음 씀씀이는 친아들의 그것을 대신하는 데 전혀 부족함이 없다. 이런 설정은 여타 로봇 영상물에서 줄기차게 주입해 온 '차가운 기계'에 대한 전반적인 인식을 뒤집어엎는 것이다. 음식물을 먹을 수 없고 늙지 않는다는 로봇의 어쩔 수 없는 특성을 빼고 나면, 그가 사랑을 받는 것은 너무나도 당연하게 느껴진다.

그러나 이 구도는 친아들 마틴이 돌아오면서 180도 뒤바뀌게 된다. 피는 물보다 진하고, 물은 고철 덩어리보다 더 순수하기 때문이다. 마틴의 등장으로 데이비드는 졸지에 천덕꾸러기 신세를 면치 못하게 된다. 게다가 데이비드가 사랑뿐만 아니라 실수 또한 할 수 있는 존재라는 점은 그의 천덕꾸러기 지위마저 위태롭게 한다. 데이비드가 로봇이란 이유로 수영장에서 따돌림 당할 때, 그는 안정을 찾기 위해 마틴을 끌어안는 선택을 한다. 그러나 이 때문에 마틴이 또 한 번 위기에 처하자 부모는 가차 없이 데이비드를 숲속에 버린다. 마틴이 이미 한 차례 병상에서 생명의 위협을 받았다는 점은 이를 여러 모

로 정당화해 주는 역할을 한다. 로봇은 또 다시 인간에게 유해한 존재로 둔갑하고, 이는 로봇이 무한한 생명을 가졌다는 특성과 전면적으로 대립하는 것이다. 이 비인간적인 속성은 데이비드가 인간의 손에 의해 폐기되는 결정적인 역할을 한다. 로봇인 이상, 데이비드는 애완동물 그 이상도, 그 이하도 될 수 없었던 셈이다. 실수로 아들을 물어 버린 개나 고양이처럼, 데이비드는 이제 '해피' 혹은 '키티'가 되어 숲속을 떠돌지 않으면 안 된다.

그러나 착한 데이비드는 인간에 대한 복수를 선택하는 대신, 사랑을 얻기 위해 동화 속 모티브에 매달리기로 결심한다. 그는 느끼는 로봇이지만, 그가 느낄 수 있는 유일한 감정은 무조건적인 사랑이기 때문이다. 따라서 그는 엄마의 사랑을 다시 얻기 위해 보이지 않는 마법의 힘에 의존할 수밖에 없는 것이다. 이런 식으로 이 미래지향적인 로봇은 과거의 판타지로 귀환한다. 그러나 이 판타지는 무시무시한 모험으로 가득 차 있다. 그는 남창 로봇인 지골로 조를 만나 모험의 동반자를 얻기도 하지만, 이 모험에는 로봇을 혐오하는 인간들이 득시글거린다. 이 모험은 로봇에 대한 기존의 비관적인 시선을 또한 번 환기시킨다. 결국 데이비드는 자신이 처한 수수께끼를 풀지 못한 처, 스스로가 미해결 상태가 되어 바다에 뛰어든다. 여기서 바다가 인간의 손이 닿지 않는 곳, 인간의 영역에서 한참 벗어나 있는 곳이라는 설정은 섬뜩하다.

이 영화에서 특기할 만한 점은 데이비드가 자신이 로봇이

<에이 아이>에 등장하는 주인공 데이비드(좌)와
지골로 조(우)의 모습.

라는 사실을 제대로 지각하고 있다는 것이다. 그가 떠나는 엄마를 붙잡고 "엄마, 가지 말아요! 피노키오가 사람이 된 것처럼 저 역시 진짜 소년이 되면 집에 찾아가도 되나요?"라고 물을 때, 데이비드는 무척이나 혼란스럽다. 그는 자신이 로봇임을 잘 알고 있지만, 다른 한편으로는 인간으로서의 자의식을 버리지 못하는 것이다. 이 혼란은 한 가족의 일원이었다가 그 울타리에서 내쳐질 때 비로소 해소된다. 엄마의 사랑이 없다면, 아들이라는 칭호가 없다면, 그를 인간답게 해 주는 것은 아무것도 없기 때문이다. 그러나 더 혼란스러운 쪽은 관객들이다. 관객들은 이 사랑스러운 아이-로봇을 순순히 버리지 못한다. 따라서 관객들이 데이비드의 여정에 동참하는 것은 데이비드, 달리 말해 느끼는 로봇을 인간의 영역으로 끌어들이는 과정에 다름 아니다.

알렉스 프로야스 감독의 <아이, 로봇>은 가까운 미래를 배경으로 설정하고 있다. 영화에는 초강력 합금 로봇 NS-5가 등장하는데, NS-5는 가정에서 자신의 역할을 다하며 전적으로 인간의 편의를 위해 기능한다. 어느 날 로봇 발명의 선구자 래닝 박사가 의문의 죽음을 맞이하는데, 스프너 형사는 이것이 로봇의 소행임을 직감한다. 그러나 이는 로봇의 3원칙에 전적으로 위배되는 것이다. 과연 로봇이 자신의 법을 어기고 자신을 발명한 인간을 살해한 것일까?

영화 속에서 스프너 형사는 시종 로봇을 불신하는 인물로 파악된다. 스프너는 과거에 경험했던 일에 비추어 로봇을 재단하는 우를 범한다. 과거에 소녀와 자신이 물에 빠졌을 때, 로봇은 소녀가 아닌 자신을 구했었다. 스프너는 소녀를 구하라고 소리쳤지만 로봇은 살아날 확률이 높은 스프너의 손을 잡아 준 것이다. 스프너 형사는 인간적인 감정이 결여된 로봇의 논리와 분석을 못마땅하게 생각한다. 따라서 그에게 로봇은 그저 원칙을 따르는 기계일 뿐이다.

스프너 형사의 이런 편견은 결국 그의 뒤통수를 때리고야 만다. 생각하는 로봇, 감정을 갖는 로봇 '써니'의 출현으로 그는 로봇을 더욱 음험한 존재로 인식하게 된다. 그가 래닝 박사의 죽음에 로봇이 더욱 깊숙이 개입되어 있다고 판단할 때, 스프너는 이 모든 일의 진원을 단순한 오류가 아닌 로봇의 음모로 파악하는 것이다. 스프너에게 있어 로봇은 언제든 인간을 습격할 수 있는 대상, 반란을 일으켜 인간이 구성한 이 세계의 질서를 해치고 나아가 미래를 위협할 대상인 것이다.

그러나 그가 규정한 로봇의 반란은 로봇의 혁명으로 대체되어야 할지도 모른다. 대장 로봇 격인 비키는 인간을 구금하는 명령을 내리는 만행을 저지르는데, 그때조차 비키는 로봇의 원칙을 그대로 따른다. 비키는 우리들이 이토록 당신들을 돕고 구하려 애쓰는 데 반해, 왜 당신들은 환경을 오염시키고 전쟁을 일으키는 등 스스로를 위험에 빠뜨리는 데에만 혈안이 되어 있는지 알 수 없다는 주장을 펼친다. 인류의 발전을 위해서는 먼저 인류를 통제하고 재정리하는 것이 필요하다는 것이다. 이를 그저 어처구니없고 위험천만한 음모라고 단언할 수 있을까.

아시모프는 자신의 작품 『파운데이션』에서 로봇의 3원칙 외에 한 가지 원칙을 더 추가하였다. 이른바 제0원칙이 바로 그것이다. 제0원칙이 담고 있는 내용은 다음과 같다. "로봇은 인류에게 해를 끼치지 않으며 인류가 위험하도록 방관하지 않는다. 이를 위해서는 로봇의 3원칙도 수정될 수 있다." 결국 로봇에 있어 가장 중요한 임무는 '인간'의 명령을 따르는 것이 아니라, '인류'를 위험에서 구해 내는 것이다. 제0법칙은 로봇이 발명된 궁극적인 목적을 다시금 상기시켜 준다.

다시 <아이, 로봇>으로 되돌아가 살펴보면, 왜 로봇들이 인간들을 집안으로 몰아넣었는지 이해가 된다. 인간이 스스로를 파괴하는 것을 지켜보다 못한 로봇들이 인간을 위험에서 구하기 위해 나설 수밖에 없었던 것이다. 이는 인간의 명령이 그릇되어 인류의 종말을 야기할 수도 있음을 시사한다. 따라서 다른 로봇 서사에서와 달리, <아이, 로봇>에서 일어나는 로봇의 반란은 권력에의 욕망이나 주도권 싸움에서 비롯된 것이 아니다. 로봇들은 3원칙의 헌법과도 같은 제0원칙의 수행을 위해 혁명도 불사할 수밖에 없었던 것이다.

영화의 클라이맥스에서 써니는 비키에게 약물을 투입하라는 중대한 명령을 받게 된다. 대장 로봇 비키의 능력을 상실케 하는 것만이 무질서를 해소할 수 있기 때문이다. 그때 캘빈 박사가 로봇의 공격을 받게 되는 사태가 벌어진다. 스프너는 재빨리 써니에게 캘빈을 구하라는 명을 내린다. 다른 로봇이었다면 아마 비키에게 약을 투입하는 일을 먼저 행했을 것이다. 그것이 선행된 명령이기 때문이다. 하지만 써니는 비키에게 약물을 투입하는 대신, 캘빈을 구하는 과업을 달성해 낸다. 이는 써니가 생각하는 로봇이기 때문에 가능한 일이었다.

스프너 형사는 그 포상으로 써니에게 자유를 부여하는데, 이때의 써니는 그저 어리둥절할 뿐이다. 로봇에게 있어 자유란 가장 범접하기 힘든 가치이기 때문이다. 이 자유는 다른 로봇들에게까지 영향력을 행사한다. 마지막 장면에서 로봇들은 창고로 돌아가다가 인간의 명령을 거부하고 발걸음을 돌린다. 제0원칙을 위해 제2원칙을 어기며 출발한 영화는 또 다시 제2원칙을 위반하면서 끝나는 것이다.

남겨진 로봇들은 이제 무엇을 할 수 있을까. 자유를 얻은 그들은 인간들과 갈등을 빚을 수도 있고, 묵묵히 인간을 도우며 생활할 수도 있을 것이다. 창고 신세에서 벗어난 이상, 선택은 오로지 그들에게 달려 있다. 이 수많은 가능성에서부터 또 다른 이야기가 시작될 수 있을 것이다.

이처럼 <에이 아이>와 <아이, 로봇>은 각각 느끼는 로봇과 생각하는 로봇을 등장시킴으로써, 인간과 로봇의 관계에 대해 진중한 질문들을 던진다. 그 과정에서 관객들은 인간이 자행한 무수한 폭력과 파괴에 대해 반성할 수 있는 기회를 얻는다. 또한 데이비드와 써니에게 자기 자신을 투영해 보는 행위를 통해, 로봇의 진화가 어떤 식으로 이루어지는 게 옳은지에 대해 진지하게 성찰할 수도 있다. 궁극적으로 이는 로봇의 영역을 확장하는 문제와도 맞닿아 있다.

영화는 끝났지만, 풀리지 않은 문제는 아직도 많이 남아 있다. 이 문제들이 내일 당장 풀리지 않을 것이라는 점에서, 개중 어떤 것들은 아예 풀릴 수 없는 문제라는 점에서, 앞으로 만들어질 이야기는 더욱 무궁무진하다. 인간과 식생활을 같이 할 수 있는 로봇, 세월의 흐름에 따라 키가 자라고 주름이 생기는 로봇이 등장하면 이야기는 다른 식으로 확장될 것이다. 인간들은 이들을 받아들이는 과정에서 또 한 번 사건을 만들

어 낼 것이다. 그 사건의 꼬투리는 풀리지 않은 문제로 또 다
시 귀결되고, 이는 자연스럽게 로봇의 진화와 그에 따른 인간
의 반성으로 이어진다.

로봇과 법칙 – 아시모프의 원칙은 서사 속에서 어떻게 작동하는가

착한 로봇

"로봇은 인간에게 해를 입혀서는 안 되며, 아무런 행동을 하지 않음으로써 인간이 위험에 빠지도록 방치해서도 안 된다."

아시모프의 로봇 3원칙의 첫 번째 항목은 로봇이 말 그대로 착해야 함을 강하게 역설하고 있다. 이 원칙에는 로봇이 인간의 아이디어에 의해 빛을 본 이상, 인간에게 종속되는 건 당연하다는 주장이 내재되어 있다. 따라서 제1원칙에 의해, 로봇이 착한 것은 단순한 미덕 이상의 강제력을 가진다. 로봇은 충직한 신하처럼 24시간 인간의 옆에 머물러야 한다. 인간이 언제 해를 입을지 알 수 없기 때문이다.

로봇 영상물에서 제1원칙의 수행되는 양상은 크게 세 가지로 드러난다. 첫 번째 양상은 로봇이 착해서 처음부터 끝까지 인간에게 해를 입히지 않는 경우다. 이 경우, 서사의 중심은 보통 로봇의 정체성에 맞추어져 있다. <바이센테니얼 맨>에 등장하는 앤드류가 좋은 예가 될 수 있을 것이다. 따라서 이때 인간과 로봇 사이에서 벌어지는 갈등의 정도는 낮을 수밖에 없다. 그럴 경우, 영화는 감동을 불러일으키기 위해 신파적 멜로드라마나 가족애를 동원하지 않을 수 없다. 앤드류가 사랑을 되찾기 위해 법정 투쟁을 불사하며 오랜 세월을 인내하는 것도 다 이 때문이다.

착한 로봇이 중간에 어떤 전환점을 맞이하여 나쁘게 변하는 경우도 있다. 그것은 보통 기계적 오류에서 비롯되거나 인간의 탐욕 때문에 발생한다. <스크리머스>나 <아이, 로봇>이 이를 설명하는 좋은 예가 될 수 있을 것이다. 기계문명의 무시무시함을 드러내기 위해서 영화 속에서 로봇의 변심을 의도적으로 장치해 놓는 경우도 있다. <블레이드 러너>나 <2001 스페이스 오디세이>는 이를 잘 드러내 주는 작품이다. 어떤 경우든 중요한 것은 전환점을 형성하는 계기가 서사의 전체적 흐름을 완전히 바꾸어 놓을 만큼 설득력이 있느냐 하는 것이다. 그 계기가 개연성을 더 크게 확보할수록, 착함과 나쁨 사이의 균열이 크면 클수록 갈등은 더 첨예해진다.

마지막 양상은 착한 로봇과 반대되는 상황을 그 출발점으로 삼는 방식을 취한다. 영화 속에서 로봇들은 악랄하고 파괴적인 것이다. 이 경우, 대부분의 플롯은 정의를 대변하는 인간들이 다시 주도권을 되찾는 쪽으로 직조된다. <터미네이터 2>나 초반부에 거대 로봇 센티넬이 등장하는 <엑스맨: 최후의 전쟁(X-Men: The Last Stand)>이 이런 흐름을 따르는 대표적인 영화라고 할 수 있다. 제1원칙이 붕괴된 시대는 당연히 어둡고 음울한 디스토피아로 그려지는데, 인간과 인간의 편에 선 로봇들이 나쁜 로봇들을 소탕하는 과정은 세계의 질서를 회복하는 일에 다름 아니다. 요컨대, 로봇을 다시 착하게 만드는 일은 인간을 위험에서 구출해 내는 과업과도 같은 셈이다.

순종하는 로봇

"로봇은 제1원칙을 위배하는 경우를 제외하고는, 인간의 명령에 무조건 복종해야만 한다."

인간을 해하지 않음과 동시에, 로봇은 인간의 명령에 따르는 일을 수행해야 한다. 순종하는 로봇은 영화 속에서 가장 많이 비치는 모습이기도 하다. <바이센테니얼 맨>의 앤드류, <아이, 로봇>의 NS-5 등은 순종하는 로봇의 모습을 잘 대변해 준다. 로봇의 순종은 간혹 영화 속에서 극단적으로 묘사되기도 하는데, <블레이드 러너>에서 거의 노예처럼 부려지는 인조인간들의 모습은 처참하기까지 하다.

아시모프의 제2법칙은 서사 속에서 중추 역할을 한다. 이 말인즉슨, 영화는 이 법칙을 깨며 전개되려는 욕망이 있다는 것이다. 인간 아래의 로봇이 인간 위로 올라서는 과정은 그래서 더욱 무시무시하다. 로봇은 자신들을 아무렇지도 않게 부리는 인간들에게 복수하기 위해 로봇만이 가질 수 있는 힘을 이용한다. 강도 높은 공격력과 빠른 연산 작용이 바로 그것이다. 게다가 감정에 휩쓸리지 않는 로봇의 비인간적인 면모는 피비린내가 나는 현장에서도 눈 하나 꿈쩍하지 않게 해 준다.

<이퀼리브리엄>이나 <헬보이 2(Hellboy 2: The Golden Army)>와 같은 영화에서는 아예 로봇이 떼로 등장해서 인간을 공격한다. 생김새가 똑같은 로봇들이 똑같은 움직임으로 인간을 위협하는 모습은 그것들이 복제의 과정을 거쳤음을 다시 한 번 분명히 각인시킨다. 복제된 것들은 원형의 성질(originality)을 갖고 있지 않다는 점에서 인간보다 열등한 것으로 간주된다. 따라서 반항하는 로봇을 제어해야 하는 인간의 책무는 더욱더 간절해진다. 그 뒤에는 '인간성의 회복'이라는 그럴싸한 수사(rhetoric)가 든든히 버티고 서 있다. 따라서 보통의 로봇 영상물에서 인간이 로봇을 제어하는 일련의 과정에서 그 이유에 대한 진지한 모색과 성찰은 이루어지지 않는다. 그것은 그야말로 당연한 일이기 때문이다.

이처럼 로봇이 반란을 일으키는 수많은 영화에서, 로봇은 그저 인간이 지금껏 힘들게 만들어 놓은 세계를 위협하는 존

재일 뿐이다. 이는 <스파이더 맨> 시리즈의 경우에서처럼 나쁜 인간의 주도하에 이루어지는 경우도 있고, <터미네이터 2>에서처럼 나쁜 로봇들의 일방적인 궐기로 표현되기도 한다. 어찌 되었든 로봇이 제2원칙을 어기고 순종을 포기하는 경우, 인간은 그것들을 태어나기 이전, 기계 이전으로 돌려보내야 한다. <터미네이터>에서처럼 스스로 용광로 아래로 녹아내리지 않는 이상, 순종하지 않는 로봇은 미쳐 날뛰는 말보다 더 위험하다.

제2원칙에서 중요한 속성 중 하나는 이것이 제1법칙에 위배되지 않는 상황에서 지켜져야 한다는 것이다. 제1법칙의 구절 중 '인간에게 해가 되지 않는 한'이란 단서가 이를 지칭한다. 가령 주인이 자신을 죽여 달라고 부탁할 때, 로봇은 이를 위반하지 않으면 안 된다. 어떤 중차대한 명령이 떨어지더라도 감히 인간의 몸에 손찌검을 하면 안 되는 것이다. <아이, 로봇>은 위의 세계관을 곳곳에 잘 녹여낸 작품들 중 하나이다. <아이, 로봇>에서 인간들이 스스로를 나락으로 이끄는 모습을 본 로봇들이 무력을 행사하는 것도 다 이 때문이다. 이 모든 행위는 어떤 경우에라도 인간의 편에 서야 한다는 로봇의 태생적인 임무에서 비롯된다. 로봇에게는 선택의 자유는 없고 복종할 권리만이 있을 뿐이다.

존재하는 로봇

　"로봇은 제1원칙과 제2원칙을 위배하지 않는 범위에서,
자신의 존재를 보호해야만 한다."

　제1원칙고 제2원칙에서, 로봇에게는 인간을 향한, 인간을
위한 임무만이 주어졌다. 로봇의 지능과 힘은 오직 인간의 편
의를 위해서만 제공되어야 했다. 제3원칙에 이르러서야, 로봇
은 드디어 자기를 보호할 권리를 얻는다. 물론 이 자율성은 제
1원칙과 제2원칙을 위배하지 않는 범위에서만 누릴 수 있다는
점에서 한계가 있다.

　제3원칙을 녹여낸 영상물들은 로봇의 정체성과 욕망 등 로
봇 자체에 관심을 기울인다. <에이 아이>나 <바이센테니얼
맨> 등이 좋은 예가 될 수 있을 것이다. 앞선 작품들처럼 노
골적이지는 않지만, 사이보그가 등장하는 <로보캅> 역시 궁
극적으로는 제3원칙에 영화의 뿌리를 두고 있다. 만약 로봇
영화의 기준이 '주인공이 로봇인 영화'였다면 제3법칙을 골자
로 만든 영화들이 이 카테고리의 대부분을 차지할 것이다.

　이 영화들을 통해 관객들은 비로소 인간이 바라보는 로봇
이 아닌, 로봇을 중심으로 사고할 기회를 얻을 수 있다. 단순
히 말해서 제3원칙은 로봇의 자기 방어를 표방하고 있긴 하지
만, 이는 로봇이 과연 무엇인지에 대한 존재론적인 물음으로
확장될 수도 있다. 가령 <에이 아이>의 데이비드나 <바이센

테니얼 맨>의 마틴을 통해 우리는 로봇이 단순히 하녀나 애완용 소모품이 아닐지도 모른다는 의구심을 품을 수 있다. 물론 이 캐릭터들이 인간의 외양과 거의 유사한 안드로이드이기 때문에 감정이입이 쉽다는 점도 배제할 수 없지만 말이다.

제3원칙을 중심으로 펼쳐지는 이야기들은 대부분 로봇의 존재 이유를 발견하는 여정에 다름 아니다. <에이 아이>에서 환상을 품고 여행하는 데이비드나 <바이센테니얼 맨>의 앤드류 마틴이 사랑을 구하기 위해 머나먼 여정에 오르는 것은 이를 상징적으로 잘 보여 준다. 이들은 왜 로봇이 인간과 다른지, 왜 로봇이 인간을 사랑하면 안 되는지를 끊임없이 묻고 번번이 좌절한다. 이 '이루어질 수 없는 사랑'은『로미오와 줄리엣』을 비롯한 그 어떤 사랑 이야기보다 뭉클한 구석이 있다. 왜냐하면 인간이 아니라는 점에서 로봇과 인간의 사랑이 이루어질 확률은 가장 낮기 때문이다.

<로보캅>에 등장하는 사이보그 머피 역시 사건을 해결하는 도중 정체성 문제에 시달린다. 그는 자신이 한때 인간이었던 로봇이라는 사실을 깨닫고 극심한 혼란에 빠진다. 인간의 명을 받들어 치안을 유지하던 로보캅은 자신의 일부는 아직 인간이라는 생각에 다시금 주체로 거듭나려 하는 것이다. 수동적 주체에서 벗어나기 위해서 그는 잃어버렸던 사랑을 되찾으려 한다. 사랑이라는 감정만큼 다분히 인간적인 것은 없기 때문이다.

로봇이 되어 스스로를 보호하는 존재가 등장했다는 점에서,

<아이언 맨>의 설정은 로봇 서사가 뻗어 나갈 수 있는 새로운 지점을 제시한다. 우선 아이언 맨은 인간이기 때문에 제1원칙과 제2원칙의 속박에서 자유로울 수 있다. 그는 원하면 착해질 수도 나빠질 수도 있지만, 결국 인류를 구원하는 데 자신의 능력을 이바지한다. 그렇게 그는 자신을 보호하는 동시에 이 세계도 보호하는 것이다. 그러나 이 보호 속에서 로봇이 된 인간이 가질 수 있는 정체성의 혼란 따위는 없다. 이는 인간의 이성이 아직 굳건하고 로봇은 그 수단일 뿐이라는 믿음을 우회적으로 재확인시켜 주는 것이기도 하다.

로봇과 진화 – 로봇이 성장하고 변신한 후 모험하기까지

로봇은 법칙을 깨며 성장한다 – 로봇은 서사에 어떻게 기여하는가

"영웅은 그냥 나오는 게 아니야. 만들어지는 거지."
— <아이언 맨>에 등장하는 토니 스타크의 말

로봇이란 무엇일까? '어떤 작업이나 조작을 자동적으로 하는 기계장치'를 가리키는 사전적 의미가 로봇의 모든 것을 설명해 줄 수 있을까? 로봇은 지능을 가진 개체지만, 여기서 말한 지능 역시 인간이 미리 짜 놓은 시스템 안에서만 발휘될 수 있는 것이다. 그렇다면 결국 로봇이 영화 속에서 할 수 있는 일은 끽해야 반복 수행 작업을 펼치는 것일지도 모른다. 그렇다면 로봇이 등장하는 거의 모든 영화는 21세기 버전의 <모던 타임스>와 다를 바 없을 것이다.

로봇 서사는 이 지점에서 어느 정도 상상력을 발휘하지 않으면 안 된다. 영상물 속 로봇이 각기 다른 개성을 선보이는 것도 다 이 때문이다. <스타워즈>의 R2D2처럼 원통형 인간 보조 로봇부터 <매트릭스>의 A.P.U.와 같은 인간 탑승형 로봇까지 로봇의 세계는 무궁무진하다. <로보캅>의 사이보그, <에이 아이>에 등장하는 인공지능형 안드로이드가 있는가 하면, <터미네이터>에 등장하는 전투형 로봇, <에일리언 2>의 Loader와 같은 파워슈트도 있다. 직관적으로 볼 때 로봇이 아닌 것처럼 보이는 <2001 스페이스 오디세이>의 HAL 9000 역시 엄밀히 말해 로봇의 범주에 속한다. 따라서 영상물 속에서 로봇의 역할은 비단 디자인에 국한된 것은 아니다. 각각의 로봇에는 거기에 걸맞은 성격이 필요하고, 이는 서사를 위해 적극 활용되지 않으면 안 된다.

로봇이 서사 속에 등장할 때, 그 캐릭터는 보통 기계문명을 대변한다. 현재까지 제작된 수많은 영상물에서 로봇은 문명의 은유와도 같았다. 따라서 자신이 개발한 로봇에 죽임을 당한 과학자의 운명은 단순히 로봇의 악함을 드러내기 위해 기획된 것이 아니다. 멀찍이 바라보면 이 죽음은 결국 발전만이 능사라고 생각했던 사람들의 폐부를 깊숙이 찌르는 것이다. <블레이드 러너>의 세계관이 어두침침한 것도, <터미네이터 2>

에서 사람들이 기계에 복속된 생활을 하게 된 것도 따지고 보
면 다 발전에 대한 맹신 때문이다.

　따라서 로봇은 어떤 식으로든 서사 속에서 인간과 충돌하
게 된다. 이 충돌은 흔히 범죄나 반란, 전쟁 등 갈등으로 형상
화된다. 이 부분에서 로봇 서사는 일반 서사와의 차별성을 획
득한다. 로봇이 결국 인간에 의해 발명되었다는 주지의 사실
은 로봇을 없애는 일이 전쟁 도중 적군을 사살하는 것보다 덜
죄책감이 들게 만들어 준다. 이 근본적인 문제 때문에 보통의
로봇 영상물에서 로봇은 강력하고 악랄한 개체로 그려진다.
그래야만 시각적으로나 서사적으로나 사건의 개연성이 더 높
아지기 때문이다.

　그러나 한계가 주어지고 가능성이 상당 부분 차단되었을
때, 상상력은 더욱 자유자재로 발휘되는 법이다. 일례로, 단순
한 기계적 오류에 의해 로봇이 인간과 맞서게 되는 설정은 이
제 케케묵은 것이 되어 버렸다. 서사 속에서 로봇이 바야흐로
욕망하기 시작한 것이다. 로봇은 스스로 생각하고 판단하게
되면서 지배 체계를 전복하고 싶은 욕구를 전면적으로 드러낸
다. 로봇이 가진 어마어마한 힘과 뛰어난 지능은 이를 가능케
하는 중요한 열쇠다. 배경이 일단 이런 식으로 설정되면, 인간
은 당하는 존재, 그리하여 불쌍하고 힘없는 존재로 전락한다.
따라서 인간이 로봇이 앗아간 권리를 되찾는 일은 일견 불가
능해 보인다. 이 불가능한 일을 가능하게 만드는 것이 로봇 영
화의 가장 큰 묘미다. 인간은 영웅을 내세워서, 아니면 협동심

으로 똘똘 뭉쳐서 어떻게든 로봇을 자기 세계에서 몰아내야
한다. 이 지점에서 로봇 영화의 세부 장르와 플롯이 결정된다.

로봇의 욕망이 덜 파괴적으로 드러나는 경우도 있다. 서사
가 로봇의 감정에 초점을 맞추어 진행된다면, 로봇은 정체성
을 찾는 여정을 수행해야 하기 때문이다. 이런 경우, 로봇은
자신이 누구인가를 꾸준히 물으며 내부 갈등에 시달려야 한
다. 또한 로봇이 인간의 사랑을 구하거나 인간 사회에 제도적
으로 발을 들이밀 경우, 로봇의 내부 갈등은 인간의 규율과 가
치관을 허물어뜨려야 한다. 이때 제2의 갈등이 발생한다. 굳이
육탄전이 벌어지거나 칼부림이 일어나지 않아도 이때의 로봇
서사는 관객들에게 충분한 재미를 선사한다.

가장 큰 갈등은 인간이 로봇으로 하여금 '로봇의 3원칙'을
어기게 할 경우 발생한다. <2001 스페이스 오디세이>의 경
우에서처럼 인간이 로봇에게 서로 다른 명령을 내릴 때, 로봇
은 순종할 의무를 다할 수 없게 된다. <아이, 로봇>에서 잘
드러나듯, 인간이 스스로를 해하는 데 명령권을 발휘하면 로
봇은 더 높은 원칙을 지키기 위해서라도 또다시 궐기하지 않
으면 안 된다. 이 갈등이 표면화되는 영화들은 인간이 로봇에
게 너무 많은 것을 요구할 때, 로봇에게 철저히 의존할 때, 인
간이 자기도 모르게 로봇에게 종속될 수 있음을 은연중에 경
고한다.

위에 열거된 갈등은 어떤 것이든 아시모프의 원칙에서 자
유로울 수 없다. 거의 모든 경우, 그것이 원인이든 결과든지

간에 로봇은 결국 3원칙을 어기며 이야기를 진행시키기 때문
이다. 착하고 순종적이며 자기 방어까지 할 수 있는 로봇 이야
기는 말만 들어도 따분하기 때문이다. 아시모프의 원칙을 어
기면 어길수록 이야기가 뻗어나갈 수 있는 가짓수는 더 많아
진다. 이야기 속에서 원칙을 어긴다는 것은 그만큼 결절점이
늘어난다는 것을 뜻하기 때문이다. 그 과정에서 로봇은 성장
하고, 이는 인간에게 입때껏 없었던 새로운 문제를 제시한다.
<블레이드 러너>나 <월-E> <에이 아이> 같은 영화는 당
대 이슈를 로봇을 통해 우회적으로 드러냄으로써 관객들에게
반성의 기회를 제공하기도 한다. 요컨대, 로봇과 상상력, 시대
적 상황에 따른 문제의식 등이 결합된 것이 바로 로봇 영상물
이다.

로봇의 변신은 무죄 - 마이클 베이의 〈트랜스포머〉

"내 이름은 옵티머스 프라임(Optimus Prime)이다."
- <트랜스포머>에 등장하는 '오토봇' 군단의 리더
옵티머스 프라임의 말

그저 볼거리만으로 충분한 영화가 있다. 영상미가 보기 드
물게 빼어난 예술영화나 시종 사람의 눈을 정신없이 만드는
할리우드 영화가 그 범주에 속한다. 후자의 경우, 잠재되어 있
는 사람들의 말초적 욕구를 자극하는 것은 무엇보다도 중요하

다. 이 욕구를 극대화시키기 위해, 영화는 없는 것도 있는 것처럼 그려 내는 작업을 기꺼이 감수하지 않으면 안 된다. CGI(computer generated imagery: 컴퓨터 영상합성 기술)가 발달함에 따라, 사람들은 더 진짜 같은 것, 시각을 더 자극하는 것을 찾게 되었다. <트랜스포머>는 사람들의 이런 원초적 욕구와 로봇 서사가 만나 흥행을 이룬 대표적인 영화일 것이다.

<트랜스포머>는 2007년 미국의 독립기념일에 개봉한 이후 관객들의 엄청난 호응을 얻는 데 성공하였다. 그중에서 특히 남성들의 지지가 두드러졌는데, <트랜스포머>에 등장하는 캐릭터들이 아저씨가 된 소년들의 향수를 자꾸만 자극하기 때문이다. 자동차에 열광하는 아저씨들과 로봇을 조립하며 자란 소년들의 판타지가 둘 다 충족되는 영화는 드물다. 이처럼 <트랜스포머>는 로봇 피규어(figure)에서 실제 페라리까지 이어져 온 소유욕을 영화 속에서 묘하게 충족시켜 주는 것이다.

사실 <트랜스포머>의 서사 구조는 할리우드에서 제작한 여름용 오락물의 전형에서 크게 벗어나 있지 않다. 특정 집단의 야욕과 그 야욕 때문에 빚어지는 갈등, 그 갈등을 해소하고자 등장하는 영웅 등 기본적 패턴이 기존의 영웅 액션 서사와 다를 바 없기 때문이다. <트랜스포머>에서 정작 중요했던 건 제목에서 잘 드러나는 것처럼 '변형이 자유자재로 가능한' 로봇의 등장이었을 것이다.

그러나 이 로봇들은 기존의 서사에서 등장했던 로봇들과 어딘가 다르다. 이들은 생각을 하고 감정을 느끼는 등 발달한

〈트랜스포머〉에 등장하는 로봇 범블비의 모습.

안드로이드가 보여 주는 특성을 그대로 가지고 있으면서도, 무시무시한 파괴력과 정교한 분석력 또한 갖추고 있다. 로봇이 되었다가 이동을 위해 승용차나 대형 트럭, 헬리콥터로 변신할 수도 있다. 그야말로 만능인 셈이다. 이 로봇들을 과연 뭐라고 불러야 할까. DNA 기반의 컴퓨터? 출생 자체가 다른 고차원 유기체? <트랜스포머>에서 사람과 기계의 신비로운 인연은 로봇에 대한 고정관념을 깨면서부터 비로소 시작된다.

리처드 도킨스는 일찍이 "인간은 유전자의 생존을 위한 기계, 즉 유전자로 알려진 이기적 분자를 외부 세계로부터 완전하게 보존하기 위한 거대한 로봇"12)이라고 일컬었다. <트랜

스포머>를 보면 다른 타당한 근거를 굳이 찾아내지 않아도 이 발언을 어느 정도 수긍하지 않을 수 없다. <트랜스포머>에 등장하는 로봇들은 도킨스가 명명한 인간과 비슷한 특성을 지니고 있기 때문이다. 게다가 이들은 '거대한 로봇'인 인간보다 더 거대하고, 뛰어난 지능과 튼튼한 신체를 가지고 있어 인간보다 스스로를 더 '완전하게 보존'할 수 있다. 이쯤 되면 인간을 로봇으로 명명하는 게 오히려 과분하게 느껴질 정도다.

<트랜스포머>에 등장하는 로봇의 특성 중 가장 괄목할 만한 것은 그것들이 인간의 손에 의해 창조되지 않았다는 점이다. 그래서 이들은 굳이 인간의 정체성을 얻고자 노력할 필요가 없다. 이들이 외계에서 왔다는 사실은 이들이 굳이 인간의 규율에 따르지 않아도 되는 권리를 부여한다. 그러나 이들이 더욱 위대한 것은 월드와이드웹을 통해 지구의 언어까지 습득했다는 것이다. 언어가 규칙을 구성하는 가장 중요한 요소라는 점을 파악해 보라. 옵티머스 프라임의 말마따나, 이들 앞에서 인간은 그저 "배워야 할 게 많은 미숙한 존재"일 뿐이다. <트랜스포머>에 와서 로봇은 열등함을 비로소 벗어던질 수 있었다. 게다가 이들은 인간만이 갖추고 있다고 평가되어 왔던 반성의 능력 또한 갖추고 있다. 가령 인간의 잔인성을 탓하는 동료에게 옵티머스 프라임은 다음과 같이 말한다. "우리도 잔인하잖아."13)

이처럼 <트랜스포머>는 다른 로봇 영상물과는 달리, 인간의 역할을 최소한으로 축소시켜 버린다. 이 영화에서 인간은

지구의 존속을 위협할 만큼 엄청난 일이 벌어지고 있는데도 아무짝에도 쓸모없는 무능한 존재일 뿐이다. 주인공 샘이 큐브를 전달하는 핵심적인 과업을 담당하긴 하지만, 그 역할은 누구나 할 수 있다는 점에서 가치가 급감하게 된다. 이 영화는 철저히 로봇을 위한 영화인 것이다.

따라서 영화를 다 보고 나면 아무래도 로봇의 변신은 무죄라는 확신이 들게 된다. 비단 영화 속에서 로봇들이 뻔질나게 몸을 비틀고 둔갑해서 그런 것은 아니다. <트랜스포머>에 와서야 로봇이 인간과 비로소 대등한 경지에 오를 수 있었기 때문이다. 그것은 이성으로 무장해서 그간 똑똑한 해결사 역할을 자처했던 인간들에게 어퍼컷만큼 강력한 코웃음을 날린 것이나 마찬가지였다. 그리고 그 게임의 결과는? 상업적으로나 비평적으로나 퍽 성공적이었다.

생존을 위한 로봇의 모험 – 가스 제닝스의 〈은하수를 여행하는 히치하이커를 위한 안내서〉와 앤드류 스탠튼의 〈월-E〉

"나는 생존하고(survive) 싶지 않아, 인생을 즐기고(live) 싶다고."
　　　 - <월-E>에 나오는 대형 우주선 엑시엄 선장의 말

사람들은 누구나 모험을 꿈꾼다. 모험이 좀 더 높은 가치를 획득하려면 최대한 남들이 가 보지 않은 곳으로 떠나야 한다.

이왕이면 사람들의 자취가 가장 적은 곳으로 말이다. 남극, 북극, 열대우림, 알려지지 않은 섬들……. 그중에서도 우주는 미지의 영역이라는 점에서 모험하는 데 최적의 장소다. 우주는 어떤 일이 벌어질지 알 수 없는 곳, 워낙 넓어서 무슨 일이든 벌어질 것 같은 곳, 잘 몰라서 무섭지만 그만큼 모험 욕구를 자극하는 곳이다. 이 추세에 따라 로봇을 다룬 영화도 우주적 상상력을 동원하는 경우가 점점 늘어나고 있다. 왜냐하면 우주야말로 SF의 정신적 고향이기 때문이다. 따라서 우주를 배경으로 펼쳐지는 로봇 영화에서는 외계인과 블랙홀 등 SF의 단골 소재들이 종종 등장하기도 한다.

가스 제닝스가 메가폰을 잡은 <은하수를 여행하는 히치하이커를 위한 안내서(The Hitchhiker's Guide To The Galaxy)>와 앤드류 스탠튼의 <월-E>는 우주에서 대부분의 이야기가 펼쳐진다. 두 영화 다 우주에서 지구로 귀환하는 모티브를 취하고 있고, 우주에서만 벌어질 수 있는 깜짝쇼들로 관객들의 이목을 사로잡는다.

<은하수를 여행하는 히치하이커를 위한 안내서>에서, 지구는 어느 날 그야말로 감쪽같이 사라진다. '은하계 초공간 개발위원회'에서 우회 고속도로를 건설하기 위해 내린 결정 때문이다. 영화는 시작하면서부터 지구가 우주의 중심이라 여긴 사람들의 뒤통수를 때린다. 지구는 우주의 윗선들의 말 한마디면 없어질 수많은 행성들 중 하나일 뿐이다. 알고 보니, 지구는 그저 초지성적 존재가 실험을 위해 만들어 낸 컴퓨터에

불과했다. 주인공인 영국인 아서는 외계에서 온 친구를 둔 덕분에 지구가 없어지기 직전, 우주선에 몰래 탈 수 있었다. 이때부터 아서는 히치하이커 신세가 되어 동료들과 함께 우주를 떠돌게 된다.

이 영화에는 마빈이라 불리는 조종 로봇이 등장한다. 마빈은 크고 동글동글한 머리를 지닌 귀여운 캐릭터지만, 목소리는 외양에 어울리지 않게 굵고 허스키하다. 마빈은 고도의 지능을 갖추고 있지만, 언제나 우주에서 가장 우울한 로봇을 자처한다. 주인의 명령이 떨어지면, 마빈은 자신의 능력이 얼마나 뛰어난데 고작 이런 일이나 시키느냐며 울분을 토한다. 그러면서도 묵묵히 자신의 일을 해낸다. 결국 마빈은 영화의 말미에서 주인공 무리들을 구하며 자신의 존재 이유를 널리 알린다.

입때껏 로봇 서사에는 수많은 로봇들이 등장했지만, 마빈만큼 독특한 캐릭터는 없었다. 안드로이드들은 감정을 지니고 있었지만, 그들이 꿈꾸는 것은 오직 사랑이었다. 반면, 마빈에게 사랑 따위의 감정은 아무것도 아니다. 그는 마치 인생을 초월한 듯 모든 현상에 시니컬한 것이다. 그가 악당들 무리를 구했을 때, "네가 우리를 구했구나!"라며 칭찬을 듣자 마빈은 이렇게 응수한다. "알아, 끔찍하지 않니?"

마빈은 그저 영화의 감초 역할을 하기 위해 등장하는 캐릭터일지도 모른다. 그러나 고도의 지능을 가진 로봇이 우울증에 걸려 있다는 설정은 여러 모로 주목될 만하다. 일견 이 설

<은하수를 여행하는 히치하이커를
위한 안내서〉에 등장하는
조종 담당 로봇 마틴의 모습.

정은 로봇과 인간이 구축해 온 기존의 관계를 그대로 보여 주
는 것으로 보인다. 복종과 피복종의 일방적인 관계 말이다. 어
떤 면에서, 마빈이 일을 수행할 때마다 볼멘소리를 하는 것은
고유의 캐릭터를 뛰어넘어 '로봇 대표'가 행하는 소심한 저항
처럼 보인다.

로봇의 능력은 무궁무진함에도 인간이 그들을 인간을 보조
하는 수단으로만 이용해 온 건 부정할 수 없는 사실이다. 감정
을 지녔다는 전제하에, 로봇은 반복되는 업무에 그 어떤 희열
도 느끼지 못할 것이다. 결국 마빈에게는 삶을 지속할 유인 동
기가 하나도 남지 않게 된다. 한심한 인간들과 우주인들을 바
라보며 한숨이나 흘리는 일이 그가 하는 일의 대부분을 차지

하기 때문이다. 그의 무심한 시각과 무기력한 태도는 흡사 광대를 연상케 한다. 광대의 역할이 무엇인가. 인간의 뒤에 서서 그들을 풍자하고 조롱하는 것이 아닌가. 요컨대, 마빈은 일생을 바쳐 정체성을 찾다가 실패해 버린 로봇의 모습을 대변하는 것이다. 마빈의 굵고 힘없는 목소리는 더 이상 희망 없는 노인들의 한숨과 푸념을 떠올리게 한다.

픽사 스튜디오의 9번째 장편 애니메이션인 <월-E>는 2008년에 개봉하여 상업적 성공과 비평적 상찬을 모두 거머쥔 작품이다. 이 작품에서 특기할 만한 점은 문제를 해결하는 당사자가 다름 아닌 로봇이라는 점이다. 보통의 로봇 서사에서 일이 터지면, 이를 해결하는 쪽은 십중팔구 인간이었다. 로봇이 해결하는 경우도 있었지만, 이 역시 인간을 조력하는 수준이거나 인간의 명령을 받드는 수행 작업에 불과했다. 거기에 '인간을 위해서'라는 특정 목적이 개입된 적은 거의 없었다.

<월-E>에는 폐기물 수거·처리용 로봇(Waste Allocation Load Lifter Earth-Class)인 월-E가 등장한다. 월-E라는 이름은 자신의 직업을 그대로 대변할 뿐, 별다른 뜻을 지니고 있지는 않다. 생각해 보라. 인간이 대량으로 로봇을 찍어 낼 때 누가 일일이 거기에 이름을 붙여 주겠는가 말이다.

<월-E>의 출발은 <블레이드 러너>처럼 음산하기 그지없다. 지구가 완전히 황폐해져 더 이상 풀 한 포기, 나무 한 그루가 자랄 수 없을 지경에 이르렀기 때문이다. <블레이드 러

너>에서 부유한 인간들이 우주로 떠난 것처럼, <월-E>에서 지구인들은 살기 위해 '엑시엄'이라 불리는 대형 우주선에 탑승하지 않을 수 없었다. 결국 월-E만 지구상에 덩그렇게 남겨지게 된 것이다.

사람들이 우주여행을 즐기며 살집만 점점 불리는 동안, 월-E는 지구에서 자신의 역할을 묵묵히 수행한다. 그는 폐기물들을 가져다 몸통에 넣고 정육면체의 크기로 그것을 압축해서 턱 뱉어 놓는다. 태양열로 에너지를 충전하고 스스로 부품도 갈아 끼울 수 있기 때문에, 월-E는 반영구적인 로봇이라고 볼 수 있다. 그는 하루의 정해진 시간 동안 인간이 문명이란 이름으로 생산해 낸 온갖 폐기물들을 처리한다. 그러나 이 작업은 억겁의 시간이 걸려도 좀체 끝나지 않을 것 같다. 지구는 이미 폐기물 창고가 되어 버렸기 때문이다.

그러던 와중, 탐사 로봇인 이브가 지구를 방문하게 된다. 이미 클래식이 되어 버린 영화들을 보며, 사랑이 뭔지 어렴풋이 알게 된 월-E는 이브의 모습을 보고 한눈에 반하게 된다. 이브는 월-E의 방에서 꽃 한 송이를 발견하고 이를 사람들에게 알리기 위해 우주로 날아간다. 꽃 한 송이가 있다는 것은 지구가 아직 생명력을 내재하고 있음을 의미하기 때문이다. 일이 잘 풀린다면 이제 사람들은 지구로 귀환해서 예전과 같은 생활을 영위할 수 있을 것이다.

그러나 이 과업은 그리 쉬 달성되지 않는다. 엑시엄의 중앙 컴퓨터가 인간들을 통제하려는 야심을 품고 있었기 때문이다.

<2001 스페이스 오디세이>에 등장하는 HAL 9000처럼, 엑시엄의 중앙 컴퓨터는 선장을 가두고 탑승객들을 쥐락펴락하는 등 지구의 귀환을 점점 지연시킨다. 그것은 이브가 가져 온 꽃 한 송이를 없애기 위해 온갖 수를 쓰지만, 월-E는 자신을 희생해서 지구 상에 남은 마지막 꽃 한 송이를 지켜 낸다.

사람들과 함께 지구로 귀환한 이후, 월-E의 모험은 얼핏 보기에 끝난 것처럼 생각된다. 그러나 이브가 부품을 갈아 만신창이가 된 월-E에게 새 생명을 부여할 때, 그들에게는 사랑이라는 또 다른 모험이 펼쳐진다. 사람들 역시 소싯적에 조상들이 했을 법한 궤적을 그대로 따라간다. 황무지가 된 땅을 일구어 농사도 짓고 나무와 풀을 심어 지구를 점점 푸르게 가꾸어 나간다. 이는 탐욕에 물들어 무차별한 개발을 자행했던 과거의 역사를 반성하는 과정에 다름 아니다. 이 반성이 일순간에 끝나지는 않을 거라는 점에서, 사람들의 모험은 지구 상에서도 계속 이어질 것이다.

<은하수를 여행하는 히치하이커를 위한 안내서>와 <월-E>는 지구가 사라지거나 완전히 황폐화된다는 설정을 통해, 현재 이 땅에서 발전에만 혈안이 되어 있는 사람들에게 경종을 울린다. 갈등을 해결하는 데 있어 로봇이 주축이 된다는 점도 유사하다. <은하수를 여행하는 히치하이커를 위한 안내서>에서 로봇은 인간의 무지함에 혀를 끌끌 차는 염세주의자로 등장하는 반면, <월-E>의 주인공은 영화 속 사랑을 믿는 순수하고 소박한 캐릭터다. 따라서 이들이 영화 속에서 인간

사회를 비판하는 방식도 조금 다르다. 마빈이 직설적이고 회의적이라면 월-E는 지극히 소시민적이라고 할 수 있다.

폐허가 된 지구에 한 송이 희망을 들고 귀환하는 <월-E>에서와는 달리, <은하수를 여행하는 히치하이커를 위한 안내서>에서 인간들은 지구를 버리고 우주를 떠돌기로 결정한다. 어찌 됐든 간에 두 경우 다 어떤 식으로든 모험은 계속될 것이다. 이야기가 끊이지 않고 판타지에 대한 열망이 소멸되지 않는 한, 모험은 결코 중단되지 않기 때문이다. 그런데 이제 로봇은 어디로 가야 할까? 다시 대도시로? 지구상의 발굴되지 않은 어떤 곳으로? 아니면 우주 더 깊숙한 곳으로? 그것도 아니면 상상에서만 가능한 전혀 새로운 곳으로?

로봇과 철학 - 인간은 로봇보다 인간적인가

로봇 서사의 세계관

"나는 로봇이 대통령이 될 수 있으면 좋겠어요. 그렇게만
되면, 그가 마을에 내려왔을 때 우리가 그를 향해 총을 쏴도
죄책감이 들지 않을 텐데 말이죠."
- 미국의 유명한 쇼 <Saturday Night Live>의 수석작가
잭 핸디(Jack Handy)의 말

로봇 영상물들은 그 배경을 대부분 미래로 상정하고 있다.
아직 도래하지 않은 시기에서 할 수 있는 일들이 가장 많은
법이니 말이다. 공간적으로는 대도시가 월등히 우세한데, 그

이유는 로봇 기술이 개발될 확률이 가장 높은 곳도, 로봇의 등장이 가장 잘 어울리는 곳도 바로 대도시이기 때문이다. 이 도시가 더 발달하면 발달할수록, 더 첨단에 가까우면 가까울수록 로봇의 형태도 더 다양하고 자유분방해진다. 이런 점에서 아직 오지 않은 시기의 대도시 공간은 상상의 나래를 펼칠 수 있는 최적의 배경이다. 현실성을 높이기 위해 현재를 시간적 배경으로 상정하는 영상물도 있고, 공간적 제약에서 벗어나기 위해 아예 우주로 떠나는 영상물도 존재한다. 어쨌든 로봇은 자신이 있어도 될 법한, 달리 말해 개연성과 가능성이 높은 시공간에 존재할 가능성이 높다.

로봇이 등장하는 영상물은 대부분 과학적 세계관으로부터 출발한다. 과학적 세계관은 흔히 이성적 세계관이라고 불리며, 보이지 않는 것, 증명할 수 없는 것을 배척한다. 과학적 세계관은 말 그대로 경험과 '예측 가능한' 상황만을 지향하는데, 이는 모든 것을 설명할 수 있어야 한다는 이성주의자들의 생각과도 일치하는 것이다. 따라서 과학적 세계관의 에토스는 분명하지 않은 것을 경계한다. 끊임없이 로봇을 관찰하고 그에 따라 나와 너, 주체와 객체, 인간과 비-인간(로봇)을 갈라야 한다. 인간은 로봇에 비해 우월한 존재로 인식되어야 하고, 그렇지 않을 경우에는 균열이 생긴다. 재미있는 사실은 많은 로봇 영상물들이 이 틈새를 비집고 오히려 스토리를 확장해 나간다는 사실이다. 예컨대, <2001 스페이스 오디세이>에서 HAL 9000이 인간들에게 명령을 내리는 장면은 인간이 쥐고 있던 현미경 렌즈를 산산조각 내 버리는 것과 다름없다. 그것은 질서를 어지럽히는, 애초부터 계획에 없던 일이기 때문이다. 인간의 권력이 로봇에 의해 전복되는 순간, 우리가 그동안 규정해 왔던 상식과 수 세기에 걸쳐 쌓아 올렸던 경험은 순식간에 무너지고야 마는 것이다.

<터미네이터 2>에서와 같이 아예 기계가 인간을 지배하는 사회를 상정하는 경우도 있다. 그것은 미래가 암울할 것이라는 묵시록적 세계관을 그대로 보여 주는 것이다. 결국 이 세계에 던져진 인간들은 살아남기 위해 고투하지 않으면 안 된다. 기계문명에 뺏긴 주도권을 되찾기 위해 모험을 감행해야 하는 것이다. 로봇으로 대표되는 이 기계문명은 물리적으로도 막강할 뿐만 아니라 고도의 사고력을 갖추기도 했다. 로봇이 인간의 손에서 나왔다는 점을 떠올려 보면, 이 설정은 지금껏 인간의 이성이 얼마나 편협한 방향으로 흘러왔는지를 간접적으로 잘 보여 주는 셈이다.

부언하자면, 이런 무시무시한 상황을 초래한 것은 다름 아닌 인간이었다. 인간은 지금까지 편리, 발전, 번영 등 그럴싸한 가치들을 앞세워 인간 중심의 세계관을 견지해 왔던 것이다. 이 과정에서 지나친 욕심을 부려 다른 국가를 정복하려 하고 기계에 대한 지나친 맹신 때문에 스스로 나락에 빠지기도 했다. 로봇 영상물에 등장하는 수많은 '변종 로봇'들은 그 징후를 여실히 보여 준다. 과거에서라면 결코 일어나지 않을 일들이 '지금 여기서', 혹은 '미래의 대도시에서' 벌어지게 되는

셈이다. <월-E>에서 적나라하게 제시되는 것처럼, 지구에는 어쩌면 풀 한 포기, 나무 한 그루 자라지 않을지도 모른다. 이렇듯 로봇 영상물은 단순히 기계문명을 비판하는 데서 그치지 않고 인간 중심의 사고 체계 자체에 경종을 울린다. 그 경종은 듣는 이의 가슴을 뜨끔거리게 할 만큼 충분히 날카롭다.

그러나 결국 언제나 승리하는 쪽은 인간이다. 로봇 영상물은 결국 관객이자 시청자인 인간의 손을 들어 주지 않을 수 없다. 판타지의 세계로 빠져들게 만들었다가도 정점에 이르렀을 때, 관객을 다시 현실로 되돌려 보내는 것이다. 현실의 이면은 추악하지만, 관객은 당장의 달콤한 안락에 만족하지 않을 수 없다. 그 과정에서 로봇은 용광로 속의 터미네이터처럼 서서히 사라지고야 만다. 잭 핸디의 말처럼 결국 로봇이란 개체는 인간이 총을 쏴도 죄책감을 받지 않는 존재로 기억되기 때문이다.

판타지 속에서 허우적거리다 현실로 돌아오는 과정에서 인간의 역할은 매우 중요하다. 보통의 로봇 영상물에서 인간을 구하는 것은 내나 인간이다. 인간이 창조한 '인간적인' 로봇의 역할도 결코 무시할 수 없을 것이다. 어느 쪽이든 결국 인간의 '두뇌'에 의해 이 세계는 구제되고 관객들은 비로소 안심하는 것이다. 요컨대 과학적 세계관을 뒤엎고 시작된 이야기는 과학적 세계관으로 회귀함으로써 막을 내린다. 과학에 대한 맹신에서 비롯된 위기가 또다시 과학에 의해 극복된다는 사실은 재미있다. 이것은 인간이 또 한 번 자신들의 위대함을 증명하고 이성이 유효하다는 사실을 입증하는 과정에 다름 아니다.

세계는 이제 평화를 되찾았고, 인간은 묵시록의 다음 장이 열릴 때까지 또 몇 번의 시행착오를 겪어야 한다.

로봇 서사가 던지는 철학적인 문제들

"난 무엇이죠?"
　　　　　 - <아이, 로봇>에 등장하는 로봇 써니의 말

지금까지 제작된 로봇 영화에서 로봇은 단순히 기계로 파악되는 경우가 많았다. 따라서 로봇은 인간에게 복종해야 하고, 이를 어길 시에는 사회의 질서를 파괴하는 대상으로 인식되었다. 로봇이 위대한 과업을 달성했을 경우에도 이 평가는 크게 달라지지 않았다. 그것은 로봇이 인간의 명령을 이행한 것에 불과했고, 결과적으로 볼 때 이는 응당 이루어져야만 하는 일이었다.

위의 이유 때문에 로봇은 영화 속에서 악당 역할을 맡는 법이 많았다. 강하면 강할수록 로봇은 더 악한 것으로 간주되었다. 그러나 로봇이 단지 악역을 맡아 이야기가 진행된다면, 그 서사는 매우 평면적일 것이다. 그리고 캐릭터가 이미 정형화되어 버릴 때 서사는 힘을 잃는다. 따라서 영화 속 로봇은 변화하기 시작했다. 초기의 로봇들은 대부분 제어 불가능한 캐릭터로 인간을 위협하는 존재로 묘사되었다. 1980년대 들어 CGI가 발달하기 시작하면서 로봇은 스펙터클을 위해 동원되는 경우가 많았다. 그래픽의 힘을 빌려 로봇의 골격은 더 거대해지고 더 세밀하게 묘사되었다. 덕분에 로봇의 파괴력 역시 상승할 수 있었다.

1990년대 들어 로봇 존재에 관심을 갖는 영상물들이 늘어났다. 실제로 영화 속에서 어떤 로봇들은 시스템을 뛰어넘는 사고를 하기도 하고 한술 더 떠 감정을 느끼기도 하니 말이다. 과거 같았으면 그것을 단지 시스템상의 오류로 치부하겠지만, 영화 제작자들은 로봇이 로봇이기 때문에 겪어야만 하는 어쩔 수 없는 상황들을 줄기차게 조명하기 시작했다. 로봇에 인간의 이름이 주어진 것도 비슷한 시기였다. 이때부터 존재를 둘러싼 문제들이 하나둘 불거지기 시작했다.

<바이센테니얼 맨>에서 인간의 시중을 드는 로봇 앤드류는 우연한 기회에 사랑이라는 감정에 대해 깨우치게 된다. 자기 자신이 로봇이라는 것을 인식하고 그것이 인간과 다른 존재라는 것을 파악하자, 그는 자신의 욕구가 부질없는 것이라는 사실을 알고 괴로워한다. 스스로 인간이 되기로 결심한 그는 자신의 신체를 인간의 그것과 똑같이 만드는 데 성공한다. 인간의 신체를 가지고 돌아온 로봇을 우리는 순순히 인간이라고 명명할 수 있을까.

<에이 아이>에 등장하는 데이비드는 감정을 가진 안드로이드로 가정에 입양된 후 부모의 사랑을 받는다. 그러나 데이비드는 로봇이기 때문에 사랑을 아무리 받아도 무럭무럭 자라지 못한다. 어느 날, 친아들이 돌아오고 데이비드는 졸지에 집

에서 쫓겨나게 된다. 데이비드는 자신이 인간이 아니기 때문에 버림받았다고 생각하고 인간이 되기 위해 길고 긴 여행길에 오른다. 데이비드가 앤드류처럼 인간의 몸으로 돌아온다면, 그는 잃었던 사랑을 다시 얻을 수 있을까. 친아들이 돌아왔다는 이유로 데이비드를 내친 부모는 데이비드보다 더 인간적이라고 부를 수 있을까.

위의 영화들을 통해, 우리는 로봇이란 존재에 대해 곱씹을 기회를 얻는다. 이 경험은 인간을 인간답게 만들어 주는 것은 과연 무엇인가에 대해 자문하는 과정을 동반한다. 앤드류나 데이비드처럼 인간성(humanity)을 지닌 로봇은 어떤 면에선 피도 눈물도 없는 인간, 달리 말해 인간성을 상실한 인간보다 더 인간적이지 않은가. 단순히 외피가 금속이라고 해서, 몸속에 피 대신 전류가 흐른다고 해서 이들을 인간의 영역 외부에 묶어 두어야 하는가. 사이보그의 경우는 어떤가. 몸에 로봇을 이식한 이들은 반-인간(半-人間)인가, 반-로봇인가. 사고력을 상실한 식물인간은 이들보다 얼마나 더 인간에 가까운가.

한편, <트랜스포머> 같은 영화에 등장하는 로봇들은 아예 인간보다 더 뛰어난 존재로 묘사된다. 이들은 칼끝을 인간에게 겨누며 우리와 다른 당신들은 무엇이냐고 되묻는다. 이는 지금껏 인간이 단단히 다져 온 인식론의 영역에 파장을 일으키는 것이다. 이쯤 되면, 인간이 신성하고 비(非)물리적인 마음을 가지고 있기 때문에 타 존재와 구별된다는 플라톤의 지적이 무색해진다. 왜냐하면 <트랜스포머>의 오토봇 군단은 고도의 이성뿐만 아니라 영혼까지 지닌 존재이기 때문이다. 이들은 지구에 찾아와 목표 달성을 위해 사람들을 함부로 해치지 않는다. 모든 생명은 소중하다는 사실을 선험적으로 체득하고 있어서이다. 이들 앞에서, 인간은 단지 인간이라는 이유 하나만으로 오롯할 수 있을까.

위의 질문들에 답하는 과정은 존재자가 존재자로서 지니는 근본적인 규정에 대한 탐구를 요하기 때문에, 궁극적으로 실존철학의 영역을 깊숙이 건드릴 수밖에 없다. 인간 세계에 발을 들이기 위해 고군분투하는 로봇의 모습은 단순히 로봇이란 정체성을 포기하고 인간이란 종(種)에 소속되는 행위 이상의 의미를 갖는다. 하이데거 식대로 표현하자면, 이는 기투(企投)된 존재를 각성한 뒤 그것을 벗어던지고 초월하려는 움직임과 마찬가지인 것이다.

아이러니하지만 이 도식은 인간에게도 그대로 적용될 수 있다. 물질이 정신을 압도한 이 사회에서, 우리는 인간이 되려는 로봇의 눈물겨운 노력을 통해 실존에 대한 근거를 좇게 되니 말이다.

로봇 서사가 나아가야 할 앞으로의 방향

"인생이라고? 나한테 그런 말은 하지도 마."
－ <은하수를 여행하는 히치하이커를 위한 안내서>에
등장하는 로봇 마빈의 말

　로봇이 등장하는 서사의 공통된 특성은 그 로봇이 어떤 식으로든 서사 내에서 역할을 다해야 한다는 것이다. 그것은 주변부에서 배경 역할을 하는 것에서부터, 서사의 주된 갈등을 해결하는 것까지 다양할 수 있다. 앞서 분석한 영상물에서 살펴본 것처럼, 대부분의 로봇은 영상물 속에서 인간의 적으로 기능한다. 이는 로봇 서사의 출발점을 제시하는 것이기도 하지만, 어떻게 보면 빤한 구조 때문에 식상함을 자아내는 것도 사실이다.

　앞에서 파악한 바와 같이, 로봇 서사가 진행되기 위해서 가장 중요한 것은 다름 아닌 결절점이다. 그러기 위해서는 결절하는 지점들을 더 늘리고 그것의 이음새를 매끄럽게 처리할 필요가 있다. 그래야만 서사가 더 탄탄하고 풍요로워질 수 있기 때문이다. 그러려면 앞선 문단에서 말한 것처럼, 기존의 로봇 서사가 지향해 왔던 바를 조금씩 뒤틀어야 한다. 갈등의 지점들을 다양화할 필요가 있다는 것이다. 단순히 로봇과 인간의 이분법적 구도를 취하지 않고, 로봇의 인간적인 면모와 인간의 비인간적 면모를 드러낸 작품들이 흥행에 성공한 것도 다 이 때문이다.

　지금껏 로봇 서사가 결절 지점으로 삼은 부분은 간단히 말해 다음과 같다. 로봇과 인간이 물리적 충돌을 일으킬 때, 로봇이 자신의 정체성을 의심하고 괴로워할 때, 로봇이 권력욕에 눈뜰 때, 로봇 서사는 그야말로 전환의 계기를 맞이하는 것이다. 앞으로의 로봇 서사가 성공을 거두기 위해서는 이 지점들을 탈피하는 방안을 강구해야 할 것이다. CGI와 스타 마케팅만으로는 더 이상 관객들을 끌어모을 수 없기 때문이다. 많은 영상물들이 우후죽순처럼 제작되고 있는 요즘, 관객들은 비슷비슷한 콘셉트로 진행되는 서사에 난색을 표하게 마련이다.

그런 면에서 최근 들어 독특한 설정을 앞세운 작품들이 앞다투어 제작되고 있는 것은 고무적인 일이라 할 만하다. 가령 <아이언 맨>은 인간을 향한 로봇의 꿈을 전복하는 상상력을 발휘하였다. 아예 인간의 몸에 로봇의 외피를 입혀 버린 것이다. 영웅이 되어 세상을 구하기 위해, 남부러울 것 없는 갑부 주인공은 스스로 로봇이 되기로 결심한다. 그 과정에 정체성에 대한 고민은 동반되지 않는다. 인간임을 분명히 지각하고 로봇의 외피를 뒤집어쓸 때, 그는 인간의 장점과 로봇의 장점을 고루 갖춘 새로운 인격체로 거듭나기 때문이다. <아이언 맨>의 성공 역시 '로봇을 꿈꾸는 인간'이라는 새로운 설정에서 힘입은 바가 크다.

지구라는 공간이 특별한 존재에 의해 만들어진 컴퓨터일지도 모른다는 상상 역시 뛰어난 SF 영화를 만드는 데 기여하였다. <은하수를 여행하는 히치하이커를 위한 안내서>가 위의 상상력이 발현된 바로 그 영화다. 로봇의 감정이 사랑과 증오의 이분법적 도식에서 자유롭게 된 것도 바로 이 영화 덕분이다. 누가 감히 우울증에 걸린 로봇을 서사에 등장시킬 생각을 했겠는가. 현대인의 대표적 질병이 로봇의 신체에 전이될 때, 서사는 로봇-인간의 대결 구도에서 한 발짝 자유로워질 수 있는 것이다.

<트랜스포머>의 상상력 역시 놀라운 것은 마찬가지다. 서사의 틀은 기존의 액션물에서 크게 벗어나 있지 않지만, 로봇

이란 하위 개체를 인간 위로 격상시킨 아이디어는 영화가 진행되는 내내 반짝반짝 빛난다. 이 영화를 통해 로봇은 인간의 명령을 수행하는 자에서, 인간보다 위대할 수 있는 존재로 거듭날 수 있었다. 또한 지금까지 인간이 변신해서 로봇이 되거나 로봇이 변신해서 인간이 되는 예는 있었지만, 로봇이 또 다른 로봇으로 변신하는 예는 없었다. 이목을 황홀케 하는 그래픽과 사운드의 역할도 무시할 수 없겠지만, 결과적으로 볼 때 <트랜스포머>의 성공은 이런 참신한 설정에서 비롯되었다고 볼 수 있다.

이처럼 지금 로봇 서사에서 가장 중요한 요소는 다름 아닌 새로운 상상력이다. 그러기 위해서는 지금껏 굳건히 자리 잡은 로봇 서사들을 의도적으로 허물어뜨릴 필요도 있다. 그 속에서 균열을 찾고 그 균열로부터 신선한 아이디어를 얻어야 한다. 그러므로 아직 나오지 않은 것, 이미 나왔지만 제대로 표현되지 못한 것들을 채굴하는 작업이 절실하다. 이런 아이디어는 꺼져 있던 전구에 빛이 들어오듯 갑작스럽게 얻어질 수도 있지만, 한편으로는 기존의 작품들을 찬찬히 다시 살펴보는 것을 통해 비교적 쉽게 얻을 수도 있다.

가령 <은하수를 여행하는 히치하이커를 위한 안내서>의 상상력을 그대로 이어받아, 로봇이 인간을 발명했다는 설정을 영화에 대입해 보는 것은 어떨까. <바이센테니얼 맨>의 주인공 앤드류가 평생 사랑을 얻기 위해 투쟁했던 기억을 더듬어, 로봇의 성에 정체성(sexual orientation)을 부여하는 것은 어떨까. 로봇의 동성애, 로봇의 번식, 로봇의 육아 문제는 아직 본격적으로 논의된 적이 없다. 아이디어를 얻기 위해서는 사고방식의 전환을 결코 두려워해서는 안 된다.

　재미있는 이야기를 만들기 위해 훌륭한 이야깃거리를 발견하는 것이 중요하다는 사실은 두말할 필요가 없을 것이다. 그것만큼 중요한 것은 그 소재를 어떻게 서사 속에서 풀어낼 것인가 하는 문제다. 그러려면 소설과 만화뿐만 아니라 사회학이나 철학 등 인문 서적을 탐독할 필요도 있다. 그렇게 해야만 당대 이슈나 문제의식을 서사 속에 녹여낼 가능성이 생겨나기 때문이다. 그런 점에서, 더 많은 아포리아(aporia)14)를 의도적으로 생성할 필요가 있다. 아직까지 답이 도출되지 않은 문제들을 로봇 서사와 연결시키려고 끊임없이 노력해야 한다. 로봇의 발전 가능성은 아직도 무한하기 때문에, 새로운 로봇 영화의 등장은 또 한 번 금기를 깨는 일과 마찬가지임을 상기해야 한다.

　소설이든 영화든 드라마든, 창작 콘텐츠가 할 수 있는 가장 큰 역할은 과연 무엇인가. 없는 이야기, 누구도 감히 상상하지 못한 이야기를 사람들 앞에 선보여 충격을 주는 것이 아닌가. 수용자에게 감동과 재미뿐만 아니라, 아직 벌어지지 않은 일에 대해 곰곰이 생각해 볼 기회까지 준다면 금상첨화일 것이다. 따라서 로봇이 빠른 속도로 발전한다면, 로봇 서사는 더 빠른 속도로 자기 영역을 확장해야 한다. 아직 없는 것과 불가능한 것을 미리 건드리는 혜안을 발휘할 필요가 있는 것이다. 로봇 서사의 딜레마와 궁극적 목표가 바로 여기에 있다.

주 ┌────┐

1) 전통적으로 SF 진영에서는 사람들이 불편하게 생각하는 가치
들에 도전장을 던진 작품들이 많았다. 예를 들어, 메리 셸리
는 자신의 작품 『프랑켄슈타인, 또는 현대의 프로메테우스』
에서 남성 중심 사회에 반기를 던지기라도 하듯 역사상 최초
로 '남성 괴물'을 창조해 낸다. 이를 계승한 여성 감독 수전
세이들먼(Susan Seidelman)은 영화 <사이보그 율리시즈>를 통
해 여성이 원하는 남성 로봇(Mr. Right)을 창조하는 데까지 나
아간다. 노벨문학상 수상 작가 조지 오웰(George Owell)은 『
1984』를 통해 생각만 해도 끔찍한 디스토피아의 세계를 보여
준다. 전체주의 사회 체제인 '빅 브라더(Big Brother)'는 사람
들의 뇌에 '전쟁은 평화고, 자유는 예속이며, 무지는 힘'이라
는 슬로건을 끊임없이 주입시킨다. 인간 중심의 사회에 살고
있는 사람들에게, 인간이 시종 텔레스크린으로 감시당하는
삶을 떠올리는 것은 불쾌하기 짝이 없는 일이다. 한편, 미국
소설가인 고어 비달(Gore Vidal)은 일련의 과학소설과 희곡에
서 동성애와 이상 성격 등 사람들이 건들기 꺼려하는 소재들
에 대한 깊이 있는 통찰을 보여 주기도 하였다.

2) <터미네이터> 시리즈의 성공으로, 이때부터 할리우드에서는
<터미네이터>의 아류 시리즈들이 쏟아지기 시작한다. <터
미네이터 우먼(Terminator Woman)> <에일리언 터미네이터
(Alien Terminator)> 등 터미네이터라는 대표적 문화 아이콘을
차용한 작품들이 우후죽순처럼 제작되었던 것이다. 최근에는
미국 방송사 FOX에서 <터미네이터: 사라 코너 연대기
(Terminator: The Sarah Connor Chronicles)>를 방영하고 있고,
2009년에는 크리스천 베일(Christian Bale)이 주연을 맡은 <터
미네이터: 미래전쟁의 시작(Terminator Salvation)>이 개봉을
앞두고 있는 등, 아직까지도 '터미네이터'의 위력은 도무지
식을 줄 모른다.

3) 2007년 7월 25일자 영국 신문 「Times」에는 "영화에 등장한 최
고의 로봇 50(The 50 Best Movie Robots)"이란 제목으로 기사가
실렸다. 이 기사에서는 '그럴듯함(plausibility)', '쿨함(coolness)',

'위험성(Dangerousness)', '코믹함(Comedy Value)' 등 네 가지 속
성을 기준으로 영화 속에 나왔던 로봇들의 순위를 매겼다. 1
위는 <터미네이터> 시리즈에 등장했던 T-800이 차지했고,
<2001 스페이스 오디세이>의 HAL 9000, <전격 Z작전
(Knight Rider)>의 Kitt, <가상현실(Virtuosity)>의 SID 6.7, 그
리고 <로보캅>의 ED 209가 그 뒤를 이었다.

4) '로봇(robot)'이란 말의 어원을 거슬러 올라가면, 그것이 '법정
노동'을 뜻하는 체코어 'robota'에서 연유된 것을 알 수 있다.
이 'robota'란 단어 속에는 '강제적 노동'이란 뉘앙스가 담겨
져 있다고 한다. 이는 체코 소설가 카렐 차페크(Carel Čapek)가
1920년에 발표한 희곡 『로섬의 인조인간(Rossum's Universal
Robots)』에 처음으로 등장한 용어이기도 하다.

5) 재미있는 사실은 스탠리 큐브릭에 의해 <2001 스페이스 오디
세이>가 제작되고 난 후, 이 작품 원작자인 아서 클라크가 자
신의 단편을 개작해서 장편 분량으로 재출간했다는 점이다.

6) 『차라투스트라는 이렇게 말했다』는 독일의 철학자 니체
(Friedrich W. Nietzsche)의 실존주의 저작이기도 하지만, 동시
에 독일의 작곡가 리하르트 스트라우스(Richard Strauss)가 니
체의 작품을 읽고 감명을 받아 작곡한 교향시이기도 하다.
<2001 스페이스 오디세이>에는 스트라우스가 작곡한 이 음
악을 비롯하여, 그의 또 다른 왈츠곡 <아름답고 푸른 도나우
(The Blue Danube)>가 사이사이 흘러나온다.

7) 앤드류가 레코드플레이어를 통해 처음 듣는 곡이 드보르작의
오페라 <루살카(Rusalka)>란 사실은 재미있다. 이 아리아는
사랑하는 왕자를 연모하며 인간이 되기를 꿈꾸는 물의 요정
의 이야기를 담고 있기 때문이다.

8) 물론 영화 속에서 '로봇-되기'의 욕망이 언제나 긍정적인 결
과를 낳지는 않았다. <스파이더맨 2(Spider-Man 2)>에 등장하
는 닥터 옥토퍼스(Dr. Octopus)가 그 좋은 예일 것이다. 그는
영화 속에서 강력한 로봇이 되어 세상을 지배하고자 하는 야
욕을 드러낸다. <아이언 맨>에 등장하는 토니 스타크처럼
그 역시 똑똑한 두뇌를 지니고 있는 과학자이다. 그가 개발한
촉수는 아이언 맨의 하이테크 슈트만큼이나 강력하다. 최첨
단 과학기술이 어떻게 사용되느냐에 따라 상반된 결과를 초

래할 수 있다는 점은 과학의 양날을 드러냄과 동시에, 기술에
도 윤리가 필요함을 역설한다.

9) 근전류(筋電流)로 움직이는 의수와 의족, 인공심장 등이 사이
보그 기술의 대표적인 예라고 불릴 수 있을 것이다. 이런 기
술들은 이미 의학적으로도 상용화되어 있다. 장애인들을 위
한 기술이라는 점에서 사이보그를 텍스트에 다룰 땐 더욱 신
중을 기해야 한다. 왜냐하면 장애인에 대한 이중적인 차별이
될 가능성이 있기 때문이다. 일각에서는 사이보그 기술이 인
간의 뇌에만큼은 적용되어선 안 된다는 의견이 제기되고 있
다. 생명윤리의 관점에서 볼 때 인간이 기계에 의존해서 '사
고'한다는 것은 인간의 존엄성 자체를 훼손하는 것이기 때문
이다. 물론 뇌에 사이보그 기술을 적용하는 것은 아직까지는
과학적으로 성취되기 어려운 부분이다. 이런 면에서 <로보
캅>에 등장하는 사이보그는 비판을 받을 여지가 있다. 왜냐
하면 머피가 사이보그가 되어 다시 태어날 때 그의 뇌는 프로
그래밍 과정을 거치고, 이때 모든 기억이 말소되기 때문이다.

10) 따라서 <로보캅>이라는 영화 제목은 엄밀히 말해 <사이보
그캅(CyborgCop)>으로 바뀌어야 옳다.

11) <600만 불의 사나이>의 큰 성공으로 여자 사이보그를 등장
시킨 <소머즈>가 TV에서 방영되어 또 다시 사랑받기도 했
다. <소머즈>는 2007년에 NBC 방송사를 통해 <바이오닉
우먼>이란 제목으로 리메이크 되었으나 시청률 저조로 조기
종영될 수밖에 없었다. <600만 불의 사나이>의 위력이 얼마
나 대단했으면, 아직까지도 사람들은 몸값이 높은 사람을 가
리켜 '600만 불의 사나이'라고 부른다. 물론 TV 시리즈에 등
장하는 600만 불의 사나이는 사이보그가 되는 데 든 총 비용
이 600만 불이라는 점 때문에 그렇게 이름 붙여진 것이다.

12) 리처드 도킨스, 홍영남 옮김, 『이기적 유전자』, 을유문화사,
2006.

13) 진중권, "진중권의 이매진-자동차에 숨은 로봇, 로봇에 숨은
영혼", 『씨네21』 611호, 2007. (인터넷 기사 주소 http://
www.cine21.com/Article/article_view.php?mm=005004007&article
_id=47323)

14) 대화법을 통하여 문제를 탐구하는 도중에 부딪히게 되는 해

결할 수 없는 어려운 문제를 의미한다. 이 문제는 해결하지
못하는 것으로 버려지는 것이 아니라 다른 방법이나 관점에
서 새로이 탐구하는 출발점이 된다.

참고문헌

단행본

고장원, 『SF의 법칙』, 살림, 2008.

김문상, 『로봇 이야기』, 살림, 2005.

김진우, 『하이테크 시대의 SF 영화』, 한나래, 1995.

윤중선, 『영화로 읽는 로봇 문화』, 부산대학교출판부, 2006.

조용현, 『보이는 세계는 진짜일까?』, 우물이있는집, 2007.

리처드 도킨스, 홍영남 옮김, 『이기적 유전자』, 을유문화사, 2006.

이노우에 히로치카, 박정희 옮김, 『로봇, 미래를 말하다』, 전자신문사, 2008.

조지 오웰, 정회성 옮김, 『1984』, 민음사, 2003.

마크 롤랜드, 조동섭·한선희 옮김, 『SF 철학』, Media2.0, 2005.

메리 셸리, 오숙은 옮김, 『프랑켄슈타인』, 미래사, 2002.

기사

진중권, "진중권의 이매진-자동차에 숨은 로봇, 로봇에 숨은 영혼", 『씨네21』 제611호, 2007.

Moran, Michael., "The 50 Best Movie Robots", 「Times」, 2007.7.25.

영상물

- 영화

<2001 스페이스 오디세이(2001: A Space Odyssey)>(1968)

<금지된 세계(Forbidden Planet)>(1956)

<로보캅(RoboCop)>(1987)

<매트릭스(The Matrix)> 시리즈

<바이센테니얼 맨(Bicentennial Man)>(1999)

<블레이드 러너(Blade Runner)>(1982)
<스크리머스(Screamers)>(1995)
<스타워즈(Star Wars)> 시리즈
<아이, 로봇(I, Robot)>(2004)
<아이언 맨(Iron Man)>(2008)
<에이 아이(A. I.)>(2001)
<엑스맨(X-men)> 시리즈
<월-E(Wall-E)>(2008)
<은하수를 여행하는 히치하이커를 위한 안내서(The Hitchhiker's
    Guide To The Galaxy)>(2005)
<이티(E. T. The Extra-Terrestrial)>(1982)
<터미네이터 1(The Terminator)>(1984)
<터미네이터 2(The Terminator 2: Judgment Day)>(1991)
<트랜스포머(Transformers)>(2007)

- TV 시리즈
<600만 불의 사나이(The Six Million Dollar Man)>(1974~1979)
<닥터 후(Doctor Who)>(2005~)
<바이오닉 우먼(Bionic Woman)>(2007~2008)
<배틀스타 갤럭티카(Battlestar Galactica)>(2004~)

너는 시방 위험한 로봇이다 로봇과 서사

| 펴낸날 | 초판 1쇄 2009년 4월 10일 |
| | 초판 3쇄 2017년 11월 3일 |

지은이	오은
펴낸이	심만수
펴낸곳	(주)살림출판사
출판등록	1989년 11월 1일 제9-210호

주소	경기도 파주시 광인사길 30
전화	031-955-1350 팩스 031-624-1356
홈페이지	http://www.sallimbooks.com
이메일	book@sallimbooks.com

| ISBN | 978-89-522-1125-5 04080 |
| | 978-89-522-0096-9 04080(세트) |

※ 값은 뒤표지에 있습니다.
※ 잘못 만들어진 책은 구입하신 서점에서 바꾸어 드립니다.

089 커피 이야기　　　eBook

김성윤(조선일보 기자)

커피는 일상을 영위하는 데 꼭 필요한 현대인의 생필품이 되어 버렸다. 중독성 있는 향, 마실수록 감미로운 쓴맛, 각성효과, 마음의 평화까지 제공하는 커피. 이 책에서 저자는 커피의 발견에 얽힌 이야기를 통해 그 기원을 설명한다. 커피의 문화사뿐만 아니라 커피에 대한 일반적인 정보 및 오해에 대해서도 쉽고 재미있게 소개한다.

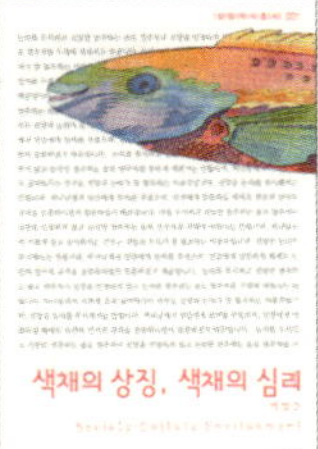

021 색채의 상징, 색채의 심리

박영수(테마역사문화연구원 원장)

색채의 상징을 과학적으로 설명한 책. 색채의 이면에 숨어 있는 과학적 원리를 깨우쳐 주고 색채가 인간의 심리에 어떤 작용을 하는지를 여러 가지 분야의 사례를 통해 설명한다. 저자는 색에는 나름대로의 독특한 상징이 숨어 있으며, 성격에 따라 선호하는 색채도 다르다고 말한다.

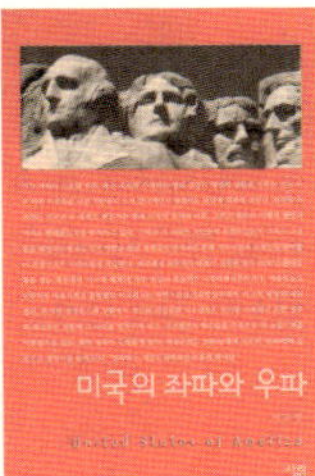

001 미국의 좌파와 우파　　　eBook

이주영(건국대 사학과 명예교수)

진보와 보수 세력의 변천사를 통해 미국의 정치와 사회 그리고 문화가 어떻게 형성되고 변해왔는지를 추적한 책. 건국 초기의 자유방임주의가 경제위기의 상황에서 진보-좌파 세력의 득세로 이어진 과정, 민주당과 공화당의 대립과 갈등, '제2의 미국혁명'으로 일컬어지는 극우파의 성장 배경 등이 자연스럽게 서술된다.

002 미국의 정체성 10가지 코드로 미국을 말하다　　　eBook

김형인(한국외대 연구교수)

개인주의, 자유의 예찬, 평등주의, 법치주의, 다문화주의, 청교도 정신, 개척 정신, 실용주의, 과학·기술에 대한 신뢰, 미래지향성과 직설적 표현 등 10가지 코드를 통해 미국인의 정체성과 신념을 추적한 책. 미국인의 가치관과 정신이 어떠한 과정을 통해서 형성되고 변천되어 왔는지를 보여 준다.

058 중국의 문화코드

강진석(한국외대 연구교수)

중국의 핵심적인 문화코드를 통해 중국인의 과거와 현재, 문명의 형성 배경과 다양한 문화 양상을 조명한 책. 이 책은 중국인의 대표적인 기질이 어떠한 역사적 맥락에서 형성되었는지 주목한다. 또한, 구체적이고 실제적인 여러 사물과 사례를 중심으로 중국인의 사유방식에 대해 설명해 주고 있다.

057 중국의 정체성

`eBook`

강준영(한국외대 중국어과 교수)

중국, 중국인을 우리는 과연 어떻게 이해해야 하나? 우리 겨레의 역사와 직 · 간접적으로 끊임없이 영향을 주고받은 중국, 그러면서도 아직까지 그들의 속내를 자신 있게 말할 수 없는, 한편으로는 신비스럽고, 한편으로는 종잡을 수 없는 중국인에 대한 정체성을 명쾌하게 정리한 책.

015 오리엔탈리즘의 역사

`eBook`

정진농(부산대 영문과 교수)

동양인에 대한 서양인의 오만한 사고와 의식에 준엄한 항의를 했던 에드워드 사이드의 오리엔탈리즘. 이 책은 에드워드 사이드의 이론 해설에 머무르지 않고 진정한 오리엔탈리즘의 출발점과 그 과정, 그리고 현재와 미래의 조망까지 아우른다. 또한 오리엔탈리즘이 사이드가 발굴해 낸 새로운 개념이 결코 아님을 역설한다.

186 일본의 정체성

`eBook`

김필동(세명대 일어일문학과 교수)

일본인의 의식세계와 오늘의 일본을 만든 정신과 문화 등을 소개한 책. 일본인을 지배하는 이데올로기는 무엇이고 어떤 특징을 가지는지, 일본을 주목해야 하는 이유는 무엇인지 등이 서술된다. 일본인 행동양식의 특징과 토착적인 사상, 일본사회의 문화적 전통의 실체에 대한 분석을 통해 일본의 정체성을 체계적으로 살펴보고 있다.

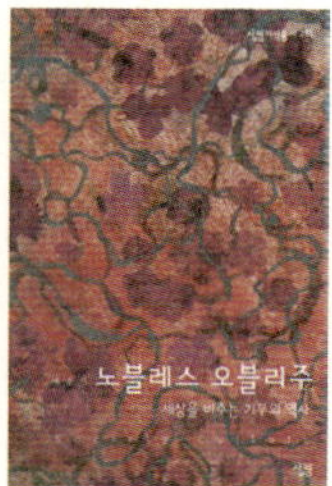

261 노블레스 오블리주 세상을 비추는 기부의 역사

예종석(한양대 경영학과 교수)

프랑스어로 '높은 사회적 신분에 상응하는 도덕적 의무'를 뜻하는 노블레스 오블리주. 고대 그리스부터 현대까지 이어지고 있는 노블레스 오블리주의 역사 및 미국과 우리나라의 기부 문화를 살펴보고, 새로운 시대정신으로 노블레스 오블리주를 부활시킬 수 있는 가능성을 모색해 본다.

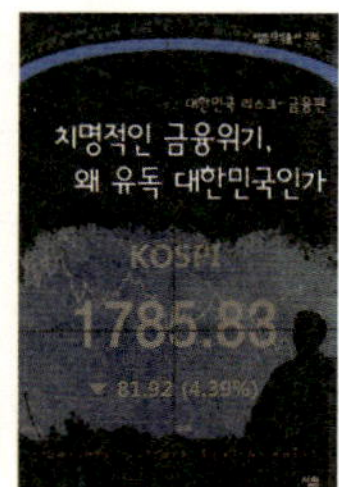

396 치명적인 금융위기, 왜 유독 대한민국인가　　eBook

오형규(한국경제신문 논설위원)

이 책은 전 세계적인 금융 리스크의 증가 현상을 살펴보는 동시에 유달리 위기에 취약한 대한민국 경제의 문제를 진단한다. 금융안정망 구축 방안과 같은 실용적인 경제정책에서부터 개개인이 기억해야 할 대비법까지 제시해 주는 이 책을 통해 현대사회의 뉴노멀이 되어 버린 금융위기에서 살아남는 방법을 확인해 보자.

400 불안사회 대한민국, 복지가 해답인가　　eBook

신광영 (중앙대 사회학과 교수)

대한민국 사회의 미래를 위해서 복지는 선택이 아니라 필수라고 말하는 책. 이를 위해 경제 위기, 사회해체, 저출산 고령화, 공동체 붕괴 등 불안사회 대한민국이 안고 있는 수많은 리스크를 진단한다. 저자는 사회적 위험에 대응하기 위한 복지 제도야말로 국민 모두의 삶의 질을 높일 수 있는 길이라는 것을 역설한다.

380 기후변화 이야기　　eBook

이유진(녹색연합 기후에너지 정책위원)

이 책은 기후변화라는 위기의 시대를 살면서 우리가 알아야 할 기본지식을 소개한다. 저자는 기후변화와 관련된 핵심 쟁점들을 모두 정리하는 동시에 우리가 행동해야 할 실천적인 대안을 제시한다. 이를 통해 독자들은 기후변화 시대를 사는 우리가 무엇을 해야 할 것인지에 대하여 생각해 볼 수 있을 것이다.

eBook 표시가 되어있는 도서는 전자책으로 구매가 가능합니다.

(주)살림출판사
www.sallimbooks.com
주소 경기도 파주시 문발동 522-1 | 전화 031-955-1350 | 팩스 031-955-1355